教科書ワーク
もくじ

教育出版版 国語3年

動画 コードを読… 下の番号《ばんごう》の動画《どうが》を見…

【イラスト】artbox、いけべけんいち。、植木美江、クリエイティブ・ノア、坂道なつ、陽菜ひよ子
【写真提供】ピクスタ
【図版提供】教育出版

きほんのワーク

かえるのぴょん

教科書 上10～12ページ　答え 1ページ

もくひょう
●声に出して詩《し》を読んで、リズムを楽しもう。
●詩のばめんのうつりかわりをおさえよう。

勉強した日　月　日

おわったらシールをはろう

つぎの詩《し》を読んで、もんだいに答えましょう。

かえるのぴょん

谷川《たにかわ》　俊《しゅん》太郎《たろう》

かえるのぴょん
とぶのがだいすき
はじめにかあさんとびこえて
それからとうさんとびこえる
ぴょん

かえるのぴょん
とぶのがだいすき
つぎにはじどうしゃとびこえて
しんかんせんもとびこえる
ぴょん　ぴょん

3 「かあさん」のつぎに、だれをとびこえましたか。

「それから」ということばにちゅうもくしよう。

（　　　　　）

4 二つめのまとまりでとびこえたものは、なんですか。二つ書きましょう。

（　　　　　）（　　　　　）

5 三つめのまとまりでとびこえたものは、なんですか。二つ書きましょう。

（　　　　　）（　　　　　）

6 「ぴょん　ぴょん　ぴょん　ぴょん」までの間に、とびこえるものはどうかわっていますか。一つに○をつけましょう。

ア（　）とびこえるものが、だんだん小さく、目だたないものになっている。

かえるのぴょん
とぶのがだいすき
とんでるひこうきとびこえて
ついでにおひさまとびこえる
ぴょん　ぴょん　ぴょん　ぴょん

かえるのぴょん
とぶのがだいすき
とうとうきょうをとびこえて
あしたのほうへきえちゃった
ぴょん　ぴょん　ぴょん　ぴょん

1 この詩は、いくつのまとまりからできていますか。

[　　]つ

詩のまとまりとまとまりの間は、一行空いているよ。

2 「かえるのぴょん」は、何がだいすきですか。

[　　][　　]のがだいすき。

イ（　）とびこえるものが、だんだん大きく、高くなっている。

ウ（　）とびこえるものが、だんだんめずらしいものになっている。

7 「とうとうきょうをとびこえて」とありますが、きょうをとびこえたあと、どうなりましたか。

（　　　　　　）

8 よく出る● この詩は、どんな調子《ちょう》で読むとよいですか。一つに○をつけましょう。

ア（　）ささやくように、かなしそうに読む。

イ（　）大きな声で、おこったように読む。

ウ（　）元気な声で、リズムよく読む。

9 よく出る● この詩のとくちょうについて、（　）に合うことばを書きましょう。

- まとまりごとに、「（　　　　）」ということばがくりかえされている。
- 「かえるのぴょん」がとぶようすをあらわす「（　　　　）」ということばの数がだんだんふえている。

ものしりメモ 日本でよく見かけるかえるの一つである「あまがえる」は、漢《かん》字で「雨蛙《がえる》」と書くよ。雨がふりそうになると、木の上の方に上っていくそうだよ。気象《しょう》よほうしみたいだね。

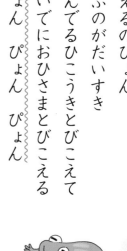

きほんのワーク
白い花びら 「発見ノート」

教科書 上14～33ページ
答え 2ページ
勉強した日 月 日

もくひょう
●登場人物のようすを思いうかべながら読もう。
●四つのばめんごとに、人物の行動や気もちのへんかを読みとろう。

おわったらシールをはろう

漢字練習ノート3～4ページ

新しい漢字《かん》

教科書16ページ

教科書ページ	漢字	読み	画数	ひつじゅん
16	開	カイ ひらく あける	12画	丨 ㄱ 戸 門 門 門 問 開
16	返	ヘン かえる	7画	一 厂 万 反 反 返 返
17	事	ジ こと	8画	一 一 冖 亖 亖 写 事
17	動	ドウ うごく	11画	一 二 台 旨 亘 重 動 動
17	物	ブツ モツ もの	8画	ノ 𠂉 牛 牛 牜 物 物 物
17	乗	ジョウ のる	9画	一 二 三 千 乒 乖 乖 乗
18	登	トウ ト のぼる	12画	フ ヲ 癶 癶 癶 登 登 登
18	主	シュ ぬし おも	5画	丶 亠 亍 主 主
30	橋	キョウ はし	16画	木 杧 杧 桥 桥 桥 橋 橋
30	岸	ガン きし	8画	丨 山 山 屵 屵 岸 岸 岸
32	発	ハツ	9画	フ ヲ 癶 癶 癶 癸 癸 発
32	予	ヨ	4画	フ マ 予 予
32	想	ソウ	13画	十 木 朩 相 相 想 想 想
32	調	チョウ しらべる	15画	言 言 訁 訂 訂 調 調 調
33	葉	ヨウ は	12画	一 艹 艹 芷 苹 苹 葉 葉
33	表	ヒョウ おもて あらわす	8画	一 十 丰 丰 圭 表 表 表
33	由	ユ ユウ	5画	丨 冂 巾 由 由
33	温	オン あたたか	12画	氵 汀 汩 沪 渭 渭 温 温

ひつじゅん 1 2 3 4 5
◀練習《れんしゅう》しましょう。

1 漢字の読み

読みがなをよこに書きましょう。

1 返事
2 乗る
3 登る
4 主人公
5 動く

○新しく学ぶ漢字
●新しい読み方をおぼえる漢字
◆とくべつな読み方の言葉

3 言葉の意味《いみ》

○をつけましょう。

1 14ページ しりごみした。
ア（　）あともどりすること。

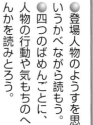

⑥ 今日

⑦ 橋

⑧ 川岸

⑨ 発見

⑩ 予想

⑪ 言葉

⑫ 表す

⑬ 理由

⑭ 体温

⑮ 調節《せつ》

2 漢字の書き

漢字を書きましょう。

① 目を□《ひら》く。

② ふり□《かえ》る。

③ □□《どうぶつ》の親子。

④ 本で□《しら》べる。

2「かえ-る」には、「帰る」という漢字もあるので、気をつけよう。

ないようをつかもう！

白い花びら　教科書を読んで、答えましょう。　教科書 14〜27ページ

1 登場人物を書きましょう。

□・かずき・女の子

2 ばめんごとに読みとりましょう。

三つめのばめん　20〜25ページ

(1) 馬に乗った女の子のかみの毛の先から何がふってきましたか。

□

四つめのばめん　25〜27ページ

(2) 野原で何を見つけましたか。一つに○をつけましょう。

ア（　）細長い岩

イ（　）さくらの木

ウ（　）女の子の馬

主人公が出会ったふしぎな女の子は、いなくなってしまったよ。

イ（　）その場にすわりこむこと。

ウ（　）まよって前にすすまないこと。

② 15 目をみはる。

ア（　）遠くを見る。

イ（　）おどろいて見る。

ウ（　）ものをさがす。

③ 15 あっというまにどこかへきえた。

ア（　）目をつぶっている間に。

イ（　）声を出している間に。

ウ（　）ほんのわずかな間に。

④ 19 ふと思った。

ア（　）きゅうに。

イ（　）ゆっくりと。

ウ（　）ずっと。

⑤ 23 一気にぬこう。

ア（　）しんこきゅうして。

イ（　）いっしょに。

ウ（　）いっぺんに。

⑥ 24 かすかな声。

ア（　）はっきりとは聞こえない。

イ（　）かすれたような。

ウ（　）やさしそうな。

ものしりメモ　作者《しゃ》のやえがしなおこさんは、岩手県《いわてけん》でかつやくしている作家だよ。岩手を思い起《お》こさせるようなすばらしい自然《ぜん》や動物たちをあつかった、心あたたまる作品《ひん》がたくさんあるよ。

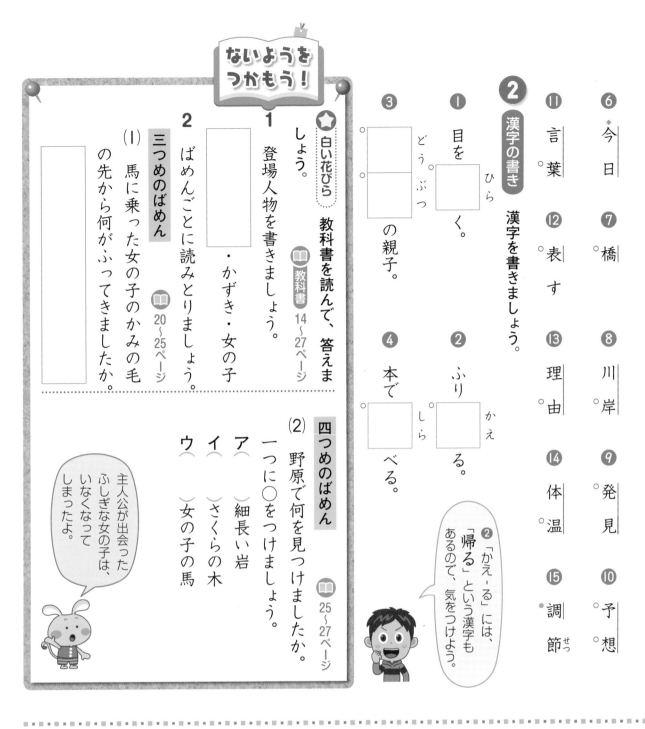

練習のワーク1

白い花びら

教科書 上14～33ページ
答え 2ページ

できるナビ
●登場人物の行動から、せいかくをつかもう。
●登場人物のようすから、気もちを読みとろう。

勉強した日 月 日

おわったらシールをはろう

つぎのぶんしょうを読んで、もんだいに答えましょう。


さいしょにその道を見つけたのは、ゆうただった。

じゅうたく地のどうろから、林の中へつづく道。ゆうたはちょっとしりごみしたけれど、かずきはへいきみたいだった。

「たんけんしよう。」

そう言って、かずきが先に走りだしたので、ゆうたもしかたなくあとにつづいた。いばらのとげやねっこにひっかかって、ゆうたはなかなかはやく走れない。

「おうい、早く来いよ。」

やっとかずきにおいついて、ゆうたは、あっと目をみはった。とつぜん、広い野原に出たからだ。野原は、つめ草のみどりと春の光でいっぱいだった。

「すごい。」

ゆうたが言うと、かずきはとく

1 林の中へつづく道を見つけたのは、だれですか。

（　　　　）

2 ゆうたとかずきの行動についてまとめましょう。

① 林の中へつづく道の前に来た時。

ゆうた　ちょっと［　　　　］した。

かずき　［　　　］みたいだった。

② 林の中へつづく道に入っていく時。

かずき　先に［　　　　　］。

ゆうた　［　　　　　］あとにつづいた。

3 「目をみはった」とありますが、ゆうたがおどろいたのは、なぜですか。

りゆうを説《せつ》明するひょうげんにちゅうもくしよう。

とつぜん、（　　　　）から。

言葉の意味《いみ》プラス
6行 しかたなく…どうしようもなく。 12行 とつぜん…よそうしていないことが、きゅうにおこるようす。 16行 とくいげ…じしんがあるようす。 24行 ゆらす…上下や左右に動かす。

いげに目をかがやかせた。

「ここ、ひみつきちにできるな。ちょっと、あっちを見てくる。」

かずきが、あっというまにすすきのむこうにきえたので、ゆうたは一人でそこにのこされた。

——どうしよう。

少しまよって、ゆうたは林のそばを歩きはじめた。歩くと、草が「キュッキュッ」と鳴る。風が、林をゆらしている。ゆうたは、どんどん歩いていった。そして、だれかの声に立ち止まった。

「長い冬だったね。やっと春が来たね。」

すぐそこで、女の子が一人、林にむかって話しかけている。

林の中で、「チイチイ」と鳥が鳴いた。女の子は、また言った。

「新しい家は、もう見つかった？」

——あの子、鳥と話してるのか？

ゆうたは、目を大きく開いた。同時に女の子がふり返った。

〈やえがし なおこ「白い花びら」による〉

4 よく出る 「——どうしよう。」とありますが、この時のゆうたは、どんな気もちでしたか。一つに○をつけましょう。

かずきがいなくなって、ゆうたは一人になってしまったよ。

ア（　）帰り道がわからなくて、こまっている。

イ（　）やりたいことがあって、わくわくしている。

ウ（　）一人ぼっちになって、ふあんになっている。

5 「だれかの声」とありますが、だれの声でしたか。

（　　　　）の声。

6 「目を大きく開いた」とありますが、この時のゆうたは、どんな気もちでしたか。一つに○をつけましょう。

ア（　）女の子が鳥と話しているように見えたので、びっくりしている。

イ（　）鳥が鳴くのを聞いて、どんな鳥がいるのだろうと、ふしぎに思っている。

ウ（　）女の子の話を鳥がまじめに聞いているようすを見て、感《かん》動している。

7 よく出る ゆうたとかずきは、それぞれどんな子どもだと思われますか。下からえらんで、・——・でむすびましょう。

ゆうた ・　　・ア 思ったことをすぐに行動にうつす、元気いっぱいな子ども。

かずき ・　　・イ 少し気が弱く、すすんで行動できない子ども。

ものしりメモ 「いばら」というのは、とげのあるひくい木のことだよ。とげがあると、通るのがたいへんだから、つらくくるしいことが多いじょうきょうなどを「いばらの道」といったりするよ。

練習のワーク②

白い花びら

教科書 ㊤14～33ページ

答え 2ページ

できるナビ
●物語のばめんを思いうかべながら、登場人物の行動や気もちをていねいに読みとっていこう。

勉強した日　月　日

おわったらシールをはろう

✿ つぎのぶんしょうを読んで、もんだいに答えましょう。

「これ、動物みたいに見えるだろ。」

かずきが見つけたのは、二つの細長い岩だった。はしっこが空をむいて、今にもかけだしそうに見える。

「馬みたいだ。」

ゆうたが言うと、かずきは、ひらりと岩にまたがった。

「乗りごこち、いいぞ。乗ってみろよ。」

岩は思ったより大きくて、ゆうたは、登るのにちょっとくろうした。岩の上で、体をゆらしてみると、なんだか馬に乗っている気分だ。目の前の野原を、どんどん走っていけそうな気がする。

——ぼうけんのたびの、主人公みたいだ。

2 よく出る 「馬みたいだ。」とありますが、ゆうたは、岩のどんなところが馬ににていると思ったのですか。

（　　　　）が空をむいて、今にも（　　　　）に見えるところ。

3 かずきとゆうたは、馬の形の岩に、それぞれどのようにまたがりましたか。あとから一つずつえらびましょう。

岩に乗った時のようすをあらわした言葉《ば》にちゅうもくしよう。

かずき（　　）　ゆうた（　　）

ア やっとよじ登った。
イ かるがるととび乗った。
ウ たすけをかりて乗った。

4 ゆうたは、岩の上で体をゆらすと、どんな気分になりましたか。

（　　　　　　　　）

5 ゆうたは、岩の上で自分を何にたとえていますか。

「みたいだ」というたとえのひょうげんにちゅういしよう。

（　　　　　　　　）

言葉の意味《いみ》プラス
2行 はしっこ…物のいちばんはし。 5行 またがる…またを広げて乗る。 15行 主人公…物語などで、中心となって出てくる人。 27行 気に入る…自分の考えに合い、いいと思う。

けれども、かずきはすぐに岩から下りてしまった。

「あっちの方も、行ってみないか。」

もう少し乗っていたいなあと思いながら、ゆうたは岩から下りた。

けっきょくその日は、馬の形の岩を見つけただけだった。

「こんど、また来よう。」

かずきは、ここが気に入ったみたいだ。ゆうたは、馬の岩がすきになった。

――でもあの子……。

ゆうたは、ふと思った。

――あの子、いったいだれだったんだろう。

〈やえがし なおこ「白い花びら」による〉

1 この日、だれが、何を見つけたのですか。

だれ（　　　　）

何（　　　　）

6 「かずきはすぐに岩から下りてしまった」とありますが、この時ゆうたは、どんな気もちでいましたか。

□□□□のたびの、□□□。

（　　　　）という気もち。

7 「けっきょくその日は、馬の形の岩を見つけただけだった。」とありますが、ゆうたは、馬の形の岩をどう思っていますか。一つに○をつけましょう。

ア（　）こわいと思っている。

イ（　）すきだと思っている。

ウ（　）なつかしいと思っている。

8 「いったいだれだったんだろう」と思った時、ゆうたは、どんな気もちでいましたか。一つに○をつけましょう。

ア（　）名前を思い出せなくて、いらいらしている。

イ（　）友達《ともだち》になりたいと思って、わくわくしている。

ウ（　）さっぱりわからなくて、ふしぎに思っている。


前のばめんに出てきた女の子のことを、何げなく思い出しているよ。「いったい〜」は、ぎもんを強くあらわすひょうげんだよ。

ものしりメモ 「馬が合う」という言葉《ば》があるよ。これは、気が合うという意味《いみ》なんだ。馬と乗り手の気もちがぴったり合わないと上手に乗れないことからできた言葉ではないかといわれているよ。

勉強した日　月　日

きほんのワーク

言葉の広場①　国語辞典《じてん》のつかい方

教科書　上34〜37ページ
答え　3ページ

もくひょう
- 国語辞典のやくわりとしくみを知ろう。
- 国語辞典での言葉の調べ方を学ぼう。

漢字練習ノート4〜5ページ

おわったらシールをはろう

新しい漢字

教科書34ページ

ひつじゅん　1　2　3　4　5
◀練習《れんしゅう》しましょう。

教科書ページ	漢字	読み	画数	ひつじゅん
34	漢	カン	13画	氵 氵 汁 浩 浩 漟 漟 漢 漢
34	意	イ	13画	亠 立 产 音 音 音 意 意
34	味	ミ　あじ　あじわう	8画	丨 口 口 口 吁 吽 味 味
36	号	ゴウ	5画	丨 口 口 旦 号
37	重	ジュウ　チョウ　え　おもい　かさねる　かさなる	9画	二 千 斤 台 台 重 重
37	問	モン　とう　とん	11画	丨 ｢ ｢ 門 門 門 門 問 問

○新しく学ぶ漢字
●新しい読み方をおぼえる漢字
◆とくべつな読み方の言葉

1　漢字の読み　読みがなをよこに書きましょう。

①　○漢字
②　●味
③　○重い
④　○問う

「重」は「重ねる」という読み方もあるから、おくりがなをよく見よう！

2　漢字の書き　漢字を書きましょう。

①　言葉の［○い○み］。
②　［○き○ごう］をつかう。
③　［○おも］いにもつ。

3　国語辞典《じてん》は、どんなことを調べるときにつかいますか。合うもの二つに○をつけましょう。

ア（　）言葉の意味を調べる。
イ（　）本のさがし方について調べる。
ウ（　）漢字をつかった書き表し方を調べる。
エ（　）物事のれきしについてくわしく調べる。

4　国語辞典で、「あいうえお」の順《じゅん》（五十音順）にならんでいる言葉を、なんといいますか。一つに○をつけましょう。

ア（　）むすび語
イ（　）見出し語
ウ（　）よび出し語

5 国語辞典には、どんなことがのっていますか。合うもの二つに○をつけましょう。

ア（　）形のかわる言葉の言い切りの形
イ（　）ぶんしょうの記号のつかい方
ウ（　）言葉のでき方
エ（　）言葉のつかい方のれい

6 つぎの言葉の意味を下からえらんで、•——•でむすびましょう。

1 だく音 •　　• ア「マーク」の「ー」などの のばす音。
2 清音《せい》 •　　• イ「が・ざ・だ・ば」などの にごる音。
3 半だく音 •　　• ウ「か・さ・た・は」などの にごらない音。
4 長音 •　　• エ「ぱ・ぴ・ぷ」などの音。

ほかにも、小さい「ゃ・ゅ・ょ」を「よう音」というよ。

7 「再《さい》発行」という言葉は、国語辞典にのっていませんでした。二つの言葉が組み合わさってできた言葉だと考えられますが、どちらの分け方がよいですか。一つに○をつけましょう。

ア（　）再＋発行
イ（　）再発＋行

8 7の「再発行」のように、そのままでは国語辞典にのっていない言葉の意味を知りたいときは、どのようにくふうすればよいですか。一つに○をつけましょう。

ア（　）調べたい言葉をふくむ、もっと長い言葉をさがして、あてはまる意味をぬき出す。

イ（　）ふんいきのにた言葉をさがして、知りたい言葉の意味を予想する。

ウ（　）いくつかの言葉に分けて、合いそうな意味の組み合わせをさがす。

9 つぎの言葉は、国語辞典にどんな順番でならんでいますか。（　）に1～3を書きましょう。

1
（　）なす
（　）あさ
（　）なつ

2
（　）はす
（　）パス
（　）バス

3
（　）とけい
（　）とかい
（　）とおい

4
（　）セーター
（　）せいかつ
（　）せいと

「セーター」は、「セエタア」と読むよ。

ものしりメモ
今、日本にのこっている辞典《じてん》の中でいちばん古いものは、1,200年ぐらい前に空海《くうかい》というおぼうさんが作った、漢字の辞典だよ。「篆隷万象名義《てんれいばんしょうめいぎ》」というんだ。

まとめのテスト

白い花びら
言葉の広場①　国語辞典《じてん》のつかい方

教科書 上14～37ページ
答え 3ページ
時間 20分
とく点 /100点
おわったらシールをはろう
勉強した日 月 日

1 つぎのぶんしょうを読んで、もんだいに答えましょう。

日曜日、かずきは家にいなかった。少しまよってから、ゆうたは一人でひみつきちに行ってみることにした。

――あの子が、いるかもしれない。

なんとなく、そう思ったのだ。林の中に入る時は、前よりきんちょうした。

――かずきだったら、きっと一人でもへいきなんだ。

野原の入り口に立って、ゆうたは、岩の方を見た。

――だれかいる。

行ってみると、この前の子だった。岩の上で、よこむきにすわって、足をぶらぶらさせている。

「ここ、気に入ったのね？」

ゆうたは、返事にこまった。

「乗らないの？」

そう言いながら、女の子は、岩の上でむきをかえた。せなかをぴんとのばして、まるで本当に馬に乗っている人みたいだ。

1 ゆうたが「一人でひみつきちに行ってみることにした」のは、どう思ったからですか。〔10点〕

（　　　　）と思ったから。

チャレンジ!

2 「返事にこまった」のは、なぜですか。一つに○をつけましょう。〔15点〕

ア（　）本当は、女の子に会えるかもしれないと思って、ここに来たから。

イ（　）ここが気に入ったことを、だれにも知られたくないと思ったから。

ウ（　）女の子とではなく、林にすんでいる鳥と話をしたいと思って来たから。

3 「女の子は、岩の上でむきをかえた」について答えましょう。

(1) この時の女の子のようすについて、ゆうたは、どう思いましたか。〔15点〕

まるで（　　　　）みたいだ。

言葉の意味プラス
4行 なんとなく…べつにはっきりした理由はないが。
20行 あわてる…おどろいていそぐ。
33行 とうめい…すきとおっていること。

「しゅっぱつするよ。」

「えっ？」

「乗れないの？」

ゆうたは、あわててとなりの岩にとび乗った。かっこよく乗れた、と思った時。

風がふいてきて、まわりの草が、ザアッとゆれた。体が、がくんと動いて、気がついたら、いつのまにか黒い馬に乗っていた。

なにがなんだかわからないまま、ゆうたはつなをにぎって走りだした。女の子の馬と、ぬいたりぬかれたりしながら、ゆうたは草の上をかけた。走っても走っても、野原はつづいていた。

ダッダダッダッ。

体が、とうめいの風になったようだ。

——すごいぞ。

大声でわらいたい気分だった。

〈やえがし　なおこ「白い花びら」による〉

(2) 女の子がむきをかえたのは、なぜですか。〔10点〕
今から（　　　　）するから。

4 ゆうたが岩にとび乗ると、どんなことがおこりましたか。〔10点〕
とび乗った岩が［　　　］にかわった。

5 よく出る 「体が、とうめいの風になったようだ。」は、どんなようすを表していますか。一つに○をつけましょう。〔15点〕
ア（　）ゆったりと、なめらかに走るようす。

イ（　）いきおいよく、のびのびと走るようす。

ウ（　）一気に、あわてて走るようす。

6 書いてみよう！ 「大声でわらいたい気分」から、ゆうたのどんな気もちがわかりますか。（　）に合う言葉を考えて書きましょう。〔15点〕
体がとうめいの風になったみたいで、（　　　　）。

2 国語辞典《じてん》に出てくる順《じゅん》に言葉がならんでいるのは、どれですか。一つに○をつけましょう。〔10点〕
ア（　）あおい→あさい→あかい
イ（　）チーズ→ちきゅう→ちず
ウ（　）みみ→はな→くち

ものしりメモ
「足をぶらぶら」は、ぶら下がってゆれているようす、「せなかをぴんと」は、まっすぐのばしているようす、「体が、がくんと」は、きゅうに大きく動いたようすを、それぞれ表しているよ。

きほんのワーク　わたしのたからもの
漢字の広場①　漢字学習ノート

教科書 上38～44ページ

答え 4ページ

もくひょう
●発表メモの書き方をとらえよう。
●発表する時のくふうや発表の聞き方を学ぼう。

勉強した日　月　日

おわったらシールをはろう

漢字練習ノート5～6ページ

新しい漢字

教科書38ページ

◀練習しましょう。　ひつじゅん 1 2 3 4 5

ページ	漢字	読み	画数
38	練	レン　ねる	14画
38	習	シュウ　ならう	11画
42	感	カン	13画
42	運	ウン　はこぶ	12画
42	転	テン　ころがる	11画
43	集	シュウ　あつめる	12画

○新しく学ぶ漢字
●新しい読み方をおぼえる漢字
◆とくべつな読み方の言葉

1 漢字の読み　読みがなをよこに書きましょう。

❶ 感じる　❷ 運動　❸ 動転　❹ 文集

2 漢字の書き　漢字を書きましょう。

❶ □□《れんしゅう》をする。　❷ 言葉を□《あつ》める。

3 二年生の漢字　漢字を書きましょう。

❶ □《はる》の□《かぜ》。　❷ □《たの》しいあそび。

4 発表する前に大事なことをまとめました。（　）に合う言葉を、□からえらんで書きましょう。

❶ いちばん（　　）ことをたしかめる。

❷ 話すないようや話す（　　）（すじみち）を考えて、（　　）を作る。

発表メモ　じつぶつ　ないよう　じゅんじょ　つたえたい　見せたい

5 森本さんの話を読んで、もんだいに答えましょう。

はじめ

このしおりは、わたしのたからものです。どうしてたからものになったと思いますか。

それは、おばあちゃんに教えてもらいながら自分で作ったからです。

中

おばあちゃんには、散《さん》歩の時、草花をつかったいろいろなあそびを教えてもらいました。しおりのほかには、くさぶえや花かんむりなどです。

みなさんは、しおりを作ったことがありますか。ちょっと、こちらを見てください。

まず、このように、葉を本の間に数日間はさんで、おし葉を作ります。つぎに、これをあつ紙にはります。そして、とうめいなシールでつつみ、リボンをつけて、できあがりです。

おわり

わたしといっしょに、いろいろな草花でしおりを作ってみませんか。自分だけのたからものができると思います。

〈「わたしのたからもの」による〉

1 森本さんのたからものは、なんですか。

草花をつかって作った（　　　　　）。

2 よく出る● 森本さんにとって、**1**のものがたからものになったのは、なぜですか。

（　　　　　　　　　　）

「〜からです。」という、理由を表すひょうげんにちゅうもくしよう。

3 「こちらを見てください」とありますが、何を見せようとしていますか。一つに○をつけましょう。

ア（　）じっさいのしおりの作り方。

イ（　）森本さんが書いた発表メモ。

ウ（　）おばあちゃんと作ったしおり。

4 よく出る● 森本さんの話には、どのようなくふうがありますか。一つに○をつけましょう。

ア（　）話すじゅんじょにはこだわらず、聞いている人と会話するように話をすすめている。

イ（　）たからものにえらんだ理由をおわりのほうで話し、つたえたいことを強調している。

ウ（　）よびかけの言葉をつかって、聞き手の気もちをひきつけている。

ものしりメモ 「しおり」は、もともとは木のえだをおって、まよわないように目印《じるし》にしたもののこと。それが後に、本の間にはさむものや、案《あん》内書のことを「しおり」というようになったんだよ。

きほんのワーク

うめぼしのはたらき SDGs

教科書 上46～47ページ
答え 4ページ
勉強した日 月 日

もくひょう
●ぎもんの文と、答えの文のさがし方を学ぼう。
●「中心となる文」と「それを説明《せつ》する文」を見分けられるようになろう。

漢字練習ノート7ページ

おわったらシールをはろう

新しい漢字

教科書46ページ

ひつじゅん ◀練習しましょう。 1 2 3 4 5

実 ジツ み みのる 8画
（ひつじゅん）丶 宀 宀 宀 宀 宝 実 実

46 **消** ショウ きえる けす 10画
（ひつじゅん）氵 氵 氵 氵 氵 消 消 消

46 **化** カ ばける 4画
（ひつじゅん）ノ 亻 亻 化

1 漢字の読み

読みがなをよこに書きましょう。

○新しく学ぶ漢字
●新しい読み方をおぼえる漢字
◆とくべつな読み方の言葉

① うめの実

② 消化

「消」は、右がわの「肖」の形に気をつけよう。

2 漢字の書き

漢字を書きましょう。

① うめの［　］《み》をしおにつける。

② 食べ物の［　　］《しょうか》をたすける。

3 言葉の意味

○をつけましょう。

① 47 塩《えん》分をおぎなう。
ア（ ）多くなるようにふやす。
イ（ ）足りないところにつけくわえる。
ウ（ ）よくはたらくようにする。

② 47 正しくたもつ。
ア（ ）そのままつづくようにする。
イ（ ）だんだんよくなっていく。
ウ（ ）わるいところを直す。

③ 47 食べ物がわるくなるのをふせぐ。
ア（ ）あなをうめる。
イ（ ）時間をひきのばす。
ウ（ ）よくないことがおきないようにする。

4 つぎのぶんしょうを読んで、もんだいに答えましょう。

①うめぼしは、うめの実をしおにつけて作った、とてもすっぱい食べ物です。日本では、むかしから食べられてきました。みなさんも、食べたことがあるでしょう。わたしたちは、なぜ、そんなにすっぱいうめぼしを食べるのでしょう。

②それは、うめぼしが、わたしたちの体にとって、いろいろとよいはたらきをするからです。

③うめぼしは、食べ物の消化をたすけるはたらきをします。わたしたちの体は、すっぱいものを食べると、たくさんのつばを出します。つばには、食べ物の消化をよくするはたらきがあるので、うめぼしを食べると、食べ物の消化がよくなるのです。

④うめぼしは、体に塩《えん》分をおぎなうはたらきをします。わたしたちの体は、塩分が足りなくなると、十分にはたらかなくなってしまいます。あつい時や運動をした時にあせをかくと、体から塩分が出てしまいます。そのような時にうめぼしを食べると、うめぼしの塩分が、体の中の塩分のりょうを、正しくたもってくれるのです。

〈「うめぼしのはたらき」による〉

1 このぶんしょうは、どのようなぎもんについて説明《せつ》していますか。

わたしたちは、なぜ、［　　　　］のに、うめぼしを［　　　］のかということ。

2 よく出る● **1**のぎもんの答えはなんですか。一つに○をつけましょう。

ア（　）うめぼしは、すっぱいほどおいしいから。
イ（　）日本人が、むかしから食べていたから。
ウ（　）うめぼしは、体によいはたらきをするから。

「なぜ」というぎもんにたいする答えだよ！

3 ③のだんらくでは、うめぼしのどのようなはたらきについて説明していますか。

（　　　　　　　　　　）

4 ④のだんらくでは、うめぼしのどのようなはたらきについて説明していますか。

「はたらき」という言葉にちゅういしてさがそう！

（　　　　　　　　　　）

ものしりメモ うめぼしは、しおづけにしたうめを日に当てて、ほして作るよ。夏の晴れの日がつづくころにほすので、俳句《はいく》では「うめぼし」や「うめ（を）ほす」が夏を表す言葉になっているんだ。

きほんのワーク

めだか SDGs

教科書 上48～57ページ
答え 5ページ

勉強した日 月 日

もくひょう

●だんらくごとに、要点《よう》をおさえて読もう。
●ぶんしょうぜんたいの、大きな二つのないようをおさえよう。

漢字練習ノート7～8ページ

おわったら シールを はろう

新しい漢字

ひつじゅん 1 2 3 4 5
◀練習しましょう。

教科書ページ	漢字	読み	画数
48	面	メン	9画
49	泳	エイ およぐ	8画
50	身	シン み	7画
50	守	シュ ス まもる	6画
50	第	ダイ	11画
52	次	ジ つぎ つぐ	6画
52	死	シ しぬ	6画
52	度	ド	9画
52	流	リュウ ながす	10画
56	研	ケン	9画
56	究	キュウ	7画
56	秒	ビョウ	9画
56	昭	ショウ	9画
56	和	ワ	8画

1 漢字の読み

読みがなをよこに書きましょう。

① 水面
② 泳ぐ
③ 守る
④ 第一
⑤ 次々
⑥ 死ぬ
⑦ 四十度
⑧ 研究
⑨ 十秒
⑩ 昭和

○新しく学ぶ漢字
●新しい読み方をおぼえる漢字
◆とくべつな読み方の言葉

4 言葉の意味

○をつけましょう。

① (48ページ) みんなでおゆうぎをする。

ア（ ）走るはやさをくらべること。
イ（ ）あそびやおどりのこと。
ウ（ ）せいくらべをすること。

2 漢字の書き

漢字を書きましょう。

① めだかが□《およ》ぐ。

② □《み》を□《まも》る。

③ □□《だいいち》の方法《ほう》。

④ おし□《なが》す。

3 言葉のちしき

（　）に入る言葉を下からえらんで、・――・でむすびましょう。

① 雨がふってきた（　）、雨宿《やど》りをした。　・　・ア と

② 雨がふると思っていた（　）、晴れた。　・　・イ ので

③ 雨がふる（　）、かさがよく売れる。　・　・ウ が

ないようをつかもう！

めだか 教科書を読んで、答えましょう。

1 めだかは、どんな魚ですか。一つに○をつけましょう。 教科書 48～49ページ

ア（　）海にすむ大きな魚。

イ（　）小川や池にすむ小さな魚。

ウ（　）湖《みずうみ》にすむとうめいな魚。

めだかは、体長が三、四センチメートルしかない魚だよ。

2 このぶんしょうは、どんなことについて書いていますか。 48～53ページ

① めだかの、□□から の身の守り方について。

② 自然《ぜん》のきびしさにたえられる、めだかの□のとくちょうについて。

---

② 51 きけんがせ<u>まる</u>。

ア（　）すぐそばまで来る。
イ（　）多くの人に知らせる。
ウ（　）うまくよける。

③ 51 いっせいにちらばる。

ア（　）時間をかけてていねいに。
イ（　）見つからないようにすぐに。
ウ（　）たくさんのものが同時に。

④ 52 わずかにのこされた水たまり。

ア（　）ところどころ。あちこちに。
イ（　）少しだけ。ちょっと。
ウ（　）しばらく。みじかい時間。

⑤ 52 一方、大雨というきけんもある。

ア（　）ほかの面では。
イ（　）ひどいときには。
ウ（　）ときどき。

⑥ 52 まみずの中でくらす。

ア（　）本物の水。
イ（　）海の水。
ウ（　）塩《しお》気のない水。

ものしりメモ 魚には、海水にすむ魚＝「海水魚」と、まみずにすむ魚＝「淡《たん》水魚」がいるよ。「淡水」は、まみずのこと。海水魚は たい・あじ・かれい など、淡水魚は こい・あゆ・なまず などだよ。

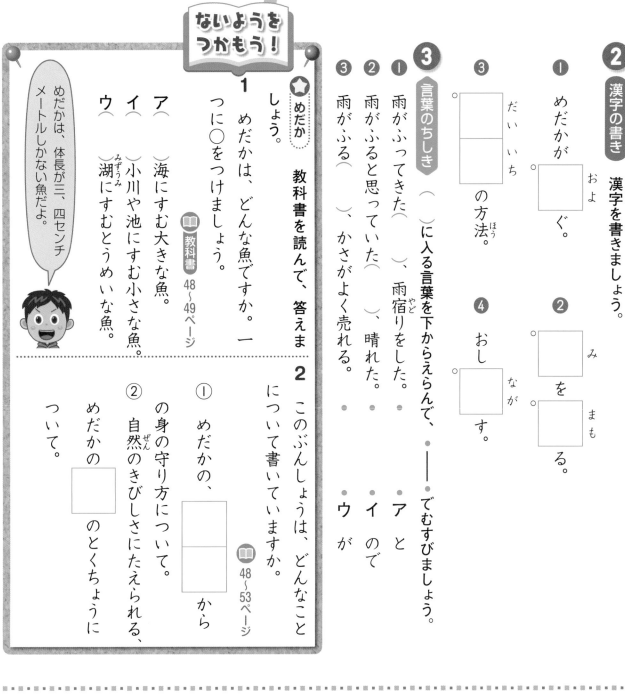

練習のワーク1

めだか SDGs

教科書 ㊤48～57ページ
答え 5ページ

次のぶんしょうを読んで、もんだいに答えましょう。

では、めだかは、*そのようなてきから、どのようにして身を守っているのでしょうか。

第一に、めだかは、小川や池の水面近くでくらして、身を守ります。水面近くには、やごやみずかまきりなどの、てきがあまりいないからです。

第二に、めだかは、すいっ、すいっとすばやく泳いで、身を守ります。近づいてきたてきから、さっとにげることができるからです。

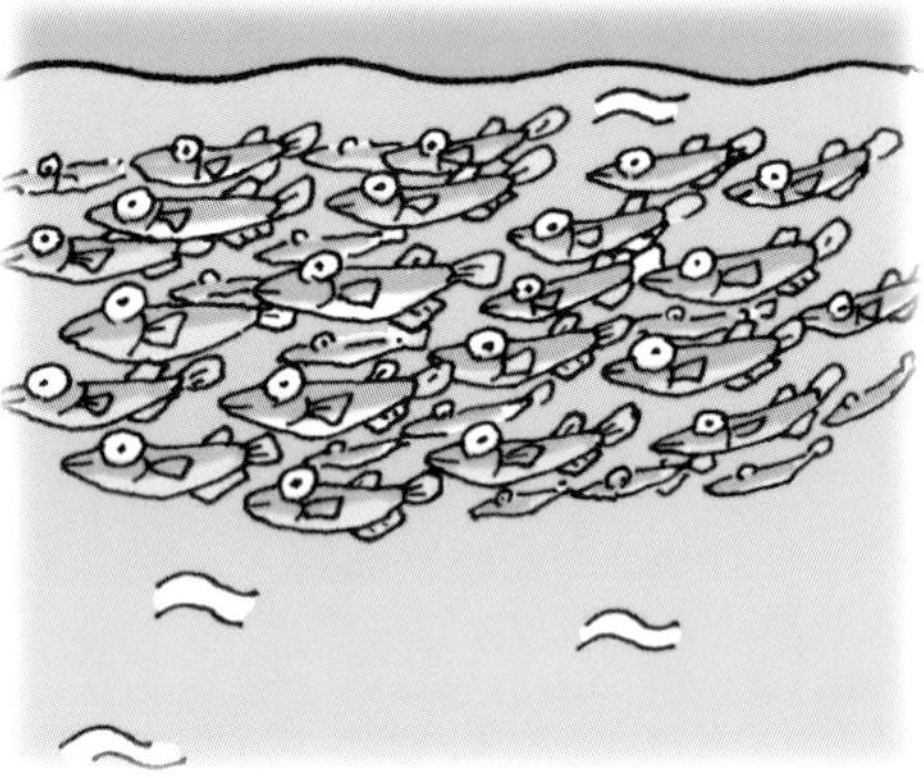

1 「第一に、めだかは、小川や池の水面近くでくらして、身を守ります。」とありますが、なぜですか。一つに○をつけましょう。

すぐあとの「～からです。」という言葉にちゅういして読んでいこう。

ア（　）水面近くは、水がすんでいてきれいだから。
イ（　）水面近くに、おいしいえさがあるから。
ウ（　）水面近くには、てきがあまりいないから。

2 よく出る めだかは、近づいてきたてきからさっとにげるために、どんなふうに泳ぎますか。

（　　　　　　）泳ぐ。

どんなふうに泳げば、てきからにげられるかな。のんびりしてちゃ、だめだよ。

3 「近づいてきたてきに見つからないように」して身を守るために、めだかは、どうしますか。

できるナビ
●めだかが、てきからどのようにして身を守っているか、だんらくごとに四つ読みとろう。

勉強した日　月　日

おわったらシールをはろう

言葉の意味プラス
8行 やご…とんぼのよう虫。　13行 すばやい…行動がとてもはやい。
18行 にごらせる…まぜて、すきとおらなくさせる。

第三に、めだかは、小川や池のそこにもぐっていって、水をにごらせ、身を守ります。近づいてきたてきに見つからないようにかくれることができるからです。

第四に、めだかは、何十ぴきも集まって泳ぐことによって、身を守ります。てきを見つけためだかが、きけんがせまっていることを仲間《なか》に知らせると、みんなはいっせいにちらばり、てきが目うつりしている間に、にげることができるからです。

〈杉浦《すぎうら》　宏《ひろし》「めだか」による〉

＊そのようなてき…水の中にいるこん虫や、大きな魚や「ざりがに」。

（　　　　）

4 「第四に、めだかは、何十ぴきも集まって泳ぐことによって、身を守ります。」について答えましょう。

(1) 身を守るために、てきを見つけためだかは、まず、どうしますか。

（　　　　）

(2) すると、ほかのめだかはどうしますか。

てきがどうしている間ににげるのかをおさえよう。

いっせいに（　　　　）、てきが（　　　　）している間に、にげる。

5 よく出る　このぶんしょうぜんたいには、どんなことが書かれていますか。一つに○をつけましょう。

ア（　）めだかの体のとくちょうについて。

イ（　）めだかのさまざまな身の守り方について。

ウ（　）めだかのてきのおそろしさについて。

さいしょの文について、「第一に」「第二に」……と説《せつ》明していることにちゅうもくしよう。

ものしりメモ　「めだかの学校」は、中田喜直《なかだよしなお》さんが作曲《きょく》した歌だよ。中田さんはほかに「ちいさい秋みつけた」「夏の思い出」など、みんなの知っているいろいろな歌を作曲しているよ。

練習のワーク②

めだか SDGs

教科書 上48～57ページ　答え 5ページ

勉強した日　月　日

できるナビ
●ほかの魚とくらべながら、自然《ぜん》のきびしさにたえるめだかの体のとくちょうをつかもう。

おわったらシールをはろう

次のぶんしょうを読んで、もんだいに答えましょう。

めだかは、こうして、てきから身を守っているだけではありません。めだかの体は、自然《ぜん》のきびしさにもたえられるようになっているのです。

夏の間、何日も雨がふらないと、小川や池の水がどんどん少なくなり、「ふな」や「こい」などは、次々に死んでしまいます。でも、めだかは、体が小さいので、わずかにのこされた水たまりでもだいじょうぶです。

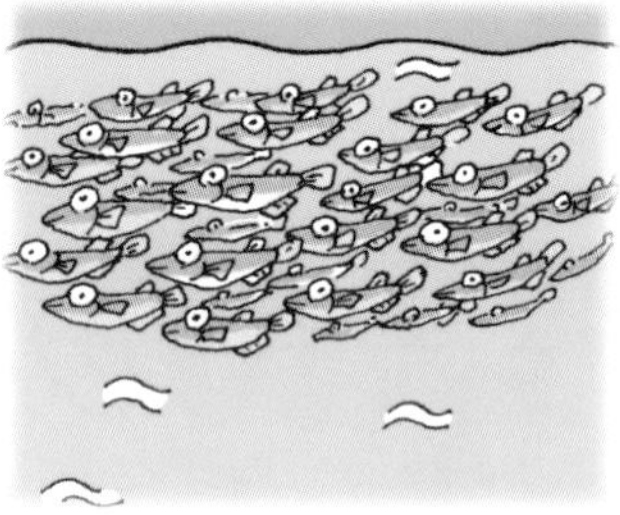

また、小さな水たまりでは、水温がどんどん上がりますが、めだかは、四十度近くまでは、水温が上がってもたえられます。

一方、雨がたくさんふって、きけんがせまることもあります。大雨になると、小川や池の水があふれ、めだかは大きな川におし流されてしまいます。大きな川から海に流されてしまうこともあります。ふつう、①まみずでく

2 (1) 「小さな水たまり」について答えましょう。

夏の間、「小さな水たまり」では、どんなことがおこりますか。

（　　　　）がどんどん上がる。

(2) よく出る (1)のようになってもめだかが生きていけるのは、めだかの体が、どのようになっているからですか。一つに○をつけましょう。

ア（　）少しの水の中でも、いきができるから。

イ（　）四十度近くの水温までは、たえられるから。

ウ（　）体のまわりのねつを、下げられるから。

3 「雨がたくさんふって、きけんがせまることもあります」とありますが、どんなきけんですか。

大雨になると、小川や池の水が（　　　　）、めだかが（　　　　）や、（　　　　）におし流されてしまうきけん。

すぐあとの二文にちゅうもくしよう。

言葉の意味プラス

7行　ふな…湖《みずうみ》や川など、まみずにすむ、「こい」の仲《なか》間の魚。　14行　あふれる…いっぱいになって、こぼれる。　15行　おし流す…いきおいよく流す。

らす魚は、海水では生きることができませんし、②海にすむ魚は、まみずの中では死んでしまいます。しかし、めだかの体は、まみずに海水のまざる川口《かわぐち》の近くでもたえられるようにできています。海に流されためだかは、やがて、みちしおに乗って、川にもどることもあります。

〈杉浦《すぎうら》 宏《ひろし》「めだか」による〉

1 「小川や池の水がどんどん少なくなり」について答えましょう。

(1) 小川や池の水がどんどん少なくなると、「ふな」や「こい」は、どうなりますか。

（　　　　）

(2) **よく出る●** めだかが、水が少なくなっても生きていけるのは、なぜですか。

（　　　　）から。

「でも」のあとをよく読もう。

4 「①まみずでくらす魚」と「②海にすむ魚」について答えましょう。

(1) めだかは、①と②のうち、どちらですか。

（　　）

(2) ふつう、それぞれどんなとくちょうがありますか。

まみずでくらす魚は、（　　　）では生きることができず、海にすむ魚は、（　　　）の中では死んでしまう。

5 めだかが川口の近くに流されても生きられるのは、なぜですか。

（　　　　）

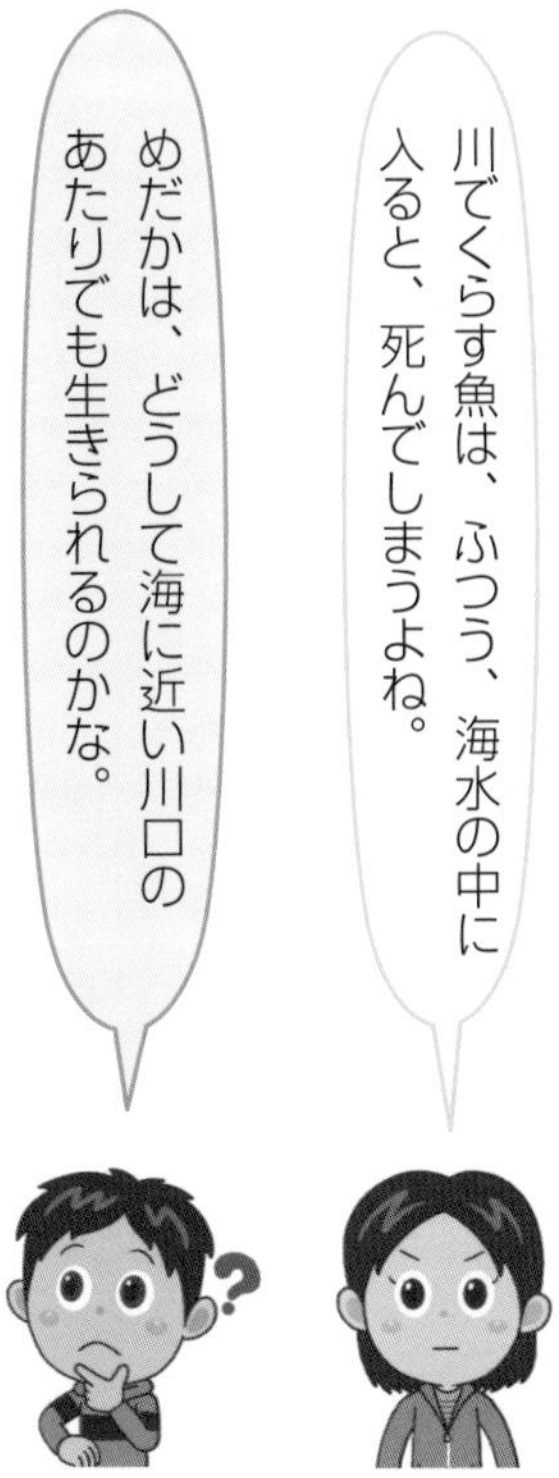
川でくらす魚は、ふつう、海水の中に入ると、死んでしまうよね。
めだかは、どうして海に近い川口のあたりでも生きられるのかな。

6 「海に流されためだか」は、どのようにして川にもどることがありますか。

（　　　　）

ものしりメモ めだかは、漢字では「目高」と書くよ。大きな目が頭の高いところにあるように見えることから、この名前がついたんだよ。

まとめのテスト

めだか SDGs

教科書 上48〜57ページ
答え 6ページ

時間 20分

とく点 /100点

おわったら シールを はろう

勉強した日 月 日

次のぶんしょうを読んで、もんだいに答えましょう。

では、めだかは、そのようなてきから、どのようにして身を守っているのでしょうか。

第一に、めだかは、小川や池の水面近くでくらして、身を守ります。水面近くには、やごやみずかまきりなどの、てきがあまりいないからです。

第二に、めだかは、すいっ、すいっとすばやく泳いで、身を守ります。近づいてきたてきから、さっとにげることができるからです。

第三に、めだかは、小川や池のそこにもぐっていって、水をにごらせ、身を守ります。近づいてきたてきに見つからないようにかくれることができるからです。

第四に、めだかは、何十ぴきも集まって泳ぐことによって、身を守ります。てきを見つけためだかが、きけん

	②	③	④
身の守り方	□□□□泳ぐ。	小川や池のそこにもぐっていって、水を（　　）。	何十ぴきも（　　）泳ぐ。
理由	てきから（　　）ことができるから。	てきに見つからないように（　　）ため。	きけん（てき）がせまったら、いっせいに（　　）、てきを目うつりさせるため。

言葉の意味プラス
18行 目うつり…ほかのものを見て、あれこれまようこと。
21行 たえる…もちこたえる。

がせまっていることを仲間《なか》に知らせると、みんなはいっせいにちらばり、てきが目うつりしている間に、にげることができるからです。

めだかは、こうして、てきから身を守っているだけではありません。めだかの体は、自然《ぜん》のきびしさにもたえられるようになっているのです。

夏の間、何日も雨がふらないと、小川や池の水がどんどん少なくなり、「ふな」や「こい」などは、次々に死んでしまいます。でも、めだかは、体が小さいので、わずかにのこされた水たまりでもだいじょうぶです。

また、小さな水たまりでは、水温がどんどん上がりますが、めだかは、四十度近くまでは、水温が上がってもたえられます。

〈杉浦《すぎうら》 宏《ひろし》「めだか」による〉

1 よく出る● めだかの、てきからの身の守り方と、そのようにする理由をまとめました。合う言葉を書きましょう。 一つ5〔40点〕

	身の守り方	理由
①	小川や池の□□□□でくらす。	てきが（　　）から。

2 「自然のきびしさ」として、何をあげていますか。 一つ10〔20点〕

夏の間、何日も（　　）がふらないと、小川や池の水が（　　）なること。

3 少ない水の中でも、めだかがたえられるのは、なぜですか。二つめの理由をまとめましょう。〔20点〕

- 一つめの理由…体が小さいから。
- 二つめの理由

書いてみよう！

（　　）

4 チャレンジ！ めだかについて、ぶんしょうのないようと合うもの二つに○をつけましょう。 一つ10〔20点〕

ア（　）めだかの体は、自然のきびしさにもたえられるようになっている。

イ（　）めだかにはてきがいないので、いつも川や池の中で楽しそうに泳いでいる。

ウ（　）めだかは体が小さいので、水温が四十度近くまで上がると、たえることができない。

エ（　）めだかは、いろいろな方法《ほう》でてきから身を守っている。

ものしりメモ めだかは、むかしは池や川にたくさんいたけれど、今ではあまり見かけなくなった。「ぜつめつきぐしゅ」という、ほろびるおそれがあってほごされるべき生き物に指定《してい》されているよ。

きほんのワーク

読書の広場① 本をさがそう

教科書 上58～61ページ

答え 6ページ

もくひょう
- 図書館での本のさがし方や、本で調べるときの手がかりを学ぼう。
- 本にまつわるさまざまなことがらを学ぼう。

勉強した日　月　日

おわったら シールを はろう

漢字練習ノート8ページ

新しい漢字

教科書58ページ

館　カン　やかた　16画

ノ 今 今 今 食 飠 飣 飦 館 館

ひつじゅん 1 2 3 4 5

◀練習しましょう。

「館」の「食」は「食」とは形がちがうので、ちゅういしよう！

1 漢字の読み　読みがなをよこに書きましょう。

① 図書館。

○新しく学ぶ漢字　●新しい読み方をおぼえる漢字　◆とくべつな読み方の言葉

2 漢字の書き　漢字を書きましょう。

① と しょ かん。

3 次のようなラベルがはられた本は、どのようないようの本ですか。教科書58ページの「分類《るい》記号」の表を見て、合うものに○をつけましょう。

419

ア（　）てつがく
イ（　）自然《ぜん》科学
ウ（　）文学

4 図書館で次のような本をさがしているとき、どのグループの本だなをさがしますか。教科書58ページの「分類記号」の表を見て、0～9の分類記号を書きましょう。

① イルカの本（　）
② あやとりの本（　）
③ シチューの作り方の本（　）
④ 俳句《はいく》の本（　）
⑤ 千年前の日本のようすについての本（　）

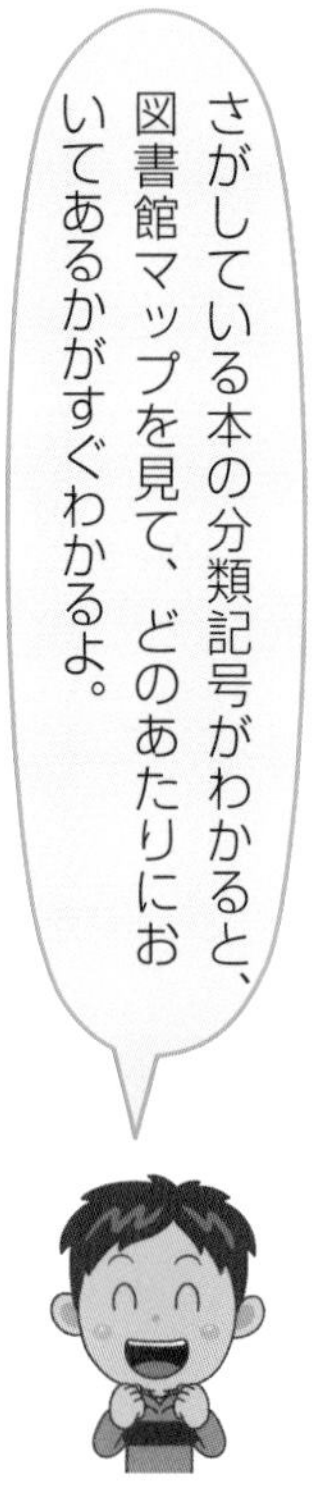

さがしている本の分類記号がわかると、図書館マップを見て、どのあたりにおいてあるかがすぐわかるよ。

5 次の文は、ア「目次」、イ「さくいん」のどちらの説明《せつ》ですか。記号で答えましょう。

1 その本にのっていることがらや、ものの名前、言葉などが、何ページに出てくるかをしめしている。（　）

2 その本にのっていることをないようごとのまとまりにならべて、何ページからはじまるかを順《じゅん》番にしめしている。（　）

3 本のはじめのほうにある。（　）

4 本のおわりのほうにあることが多い。（　）

6 前書き・後書き、おくづけについての説明です。（　）に合う言葉を、［　］からえらんで書きましょう。

1 前書きや後書きには、その本の（　）や、本を作った（　）などが書いてある。

2 おくづけには、本のだいめい、本を書いた人や（　）などが書いてある。

［ないよう　発行日　わけ］

---

7 次の本のつくりを表した図を見て、もんだいに答えましょう。

1 次の1・2の本の部《ぶ》分の名前は、なんといいますか。一つに○をつけましょう。

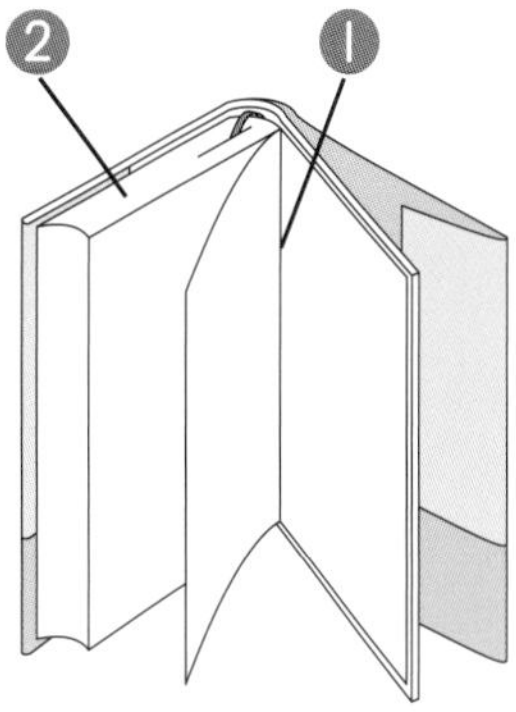

1
2

1 ア（　）小口《こぐち》　イ（　）のど　ウ（　）とびら

2 ア（　）天　イ（　）地《ち》　ウ（　）見返し

2 次の1〜4の本の部分の名前は、なんといいますか。合うものを［　］からえらんで、記号で答えましょう。

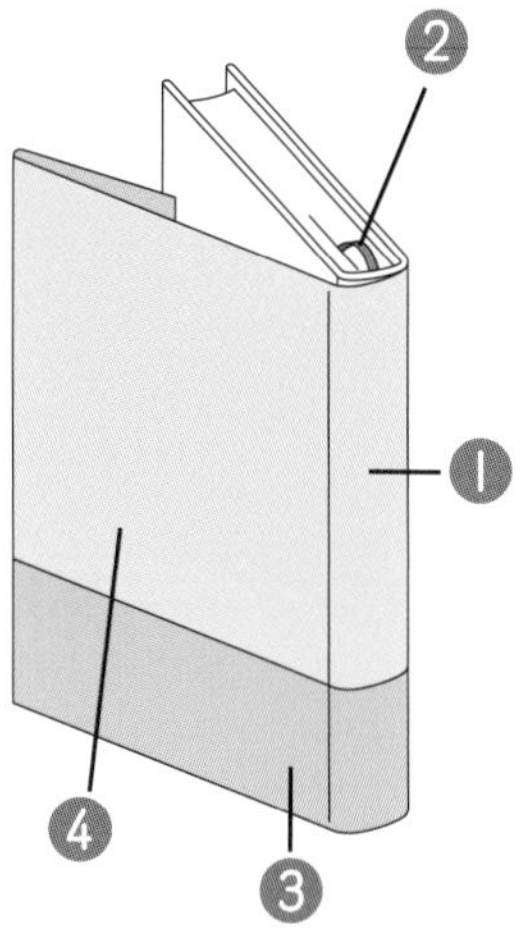

1
2
3
4

［ア しおり　イ せ　ウ おび　エ カバー］

1（　）　2（　）　3（　）　4（　）

本のどこにどのようなことが書かれているかがわかると、調べるときに、本をさがす手がかりになるね。

ものしりメモ　図書館には、「司書《ししょ》」とよばれる人たちがいるよ。図書館の本をかし出したり、せいりしたり、案《あん》内したりするしごとをしているんだ。

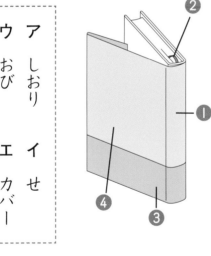

きほんのワーク

クラスの「生き物ブック」

教科書 ㊤62〜67ページ
答え 6ページ

もくひょう
●組み立て表の作り方を知ろう。
●図やしりょうをつかった文章の書き方について学ぼう。

勉強した日　月　日

おわったらシールをはろう

漢字練習ノート8ページ

新しい漢字

教科書 62ページ

教科書ページ	漢字	読み	画数
62	章	ショウ	11画
64	全	ゼン、まったく、すべて	6画
65	題	ダイ	18画
66	皮	ヒ、かわ	5画
67	相	ソウ、あい	9画

ひつじゅん　1　2　3　4　5
◀練習しましょう。

1 漢字の読み

読みがなをよこに書きましょう。

○新しく学習する漢字
●読み方が新しい漢字
◆とくべつな読み方をする言葉

① 文章
② 全体
③ 題名
④ 木の皮
⑤ 相手

「全」には、「まった（く）」と「すべ（て）」の二つの訓読《くん》みがあることもおぼえておこう。

2 漢字の書き

漢字を書きましょう。

① □□《ぶんしょう》を書く。
② □□《ぜんたい》の図。
③ □□《だいめい》を記す。
④ 木の□《かわ》。
⑤ □□《あいて》につたえる。

「皮」は、ひつじゅんに気をつけて、二画めをしっかりはねて書こう。

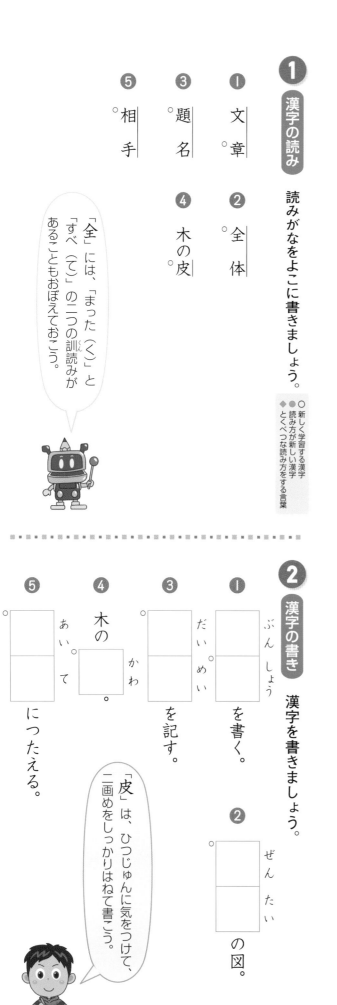

3 「生き物ブック」を作るときの学習のすすめ方についてまとめました。これについて、もんだいに答えましょう。

学習のすすめ方

1 生き物をえらび、調べる。
2 書いたメモをならべ、組み立て表を作る。
3 組み立て表をもとに文章を書く。
4 文章を読み返してみる。
5 文章を友達《ともだち》と読み合う。

1 1では、どのように調べますか。（　）に合う言葉を[　]からえらんで書きましょう。

① 調べたい生き物の（　　　）をさがす。

② えらんだ生き物とくらべてみたい生き物について、（　　　）などで調べ、（　　　）に書く。

[とくちょう　メモ　ずかん]

2 2では、書いたメモをどのようなじゅんにならべますか。一つに○をつけましょう。

ア（　）「まとめ」→「調べたきっかけ」→「調べたこと」
イ（　）「調べたきっかけ」→「調べたこと」→「まとめ」
ウ（　）「調べたこと」→「調べたきっかけ」→「まとめ」

メモが足りないときは、いろいろなしりょうで、さらに調べよう。

3 3では、どんなことに気をつけて説《せつ》明したらよいですか。一つに○をつけましょう。

ア（　）理由やぐたいてきなれいはひかえること。
イ（　）はじめに参《さん》考にした本などのじょうほうを書くこと。
ウ（　）図と文章がむすびつくようにしめすこと。

4 4では、どんなことを見直すとよいですか。（　）に合う言葉を[　]からえらんで書きましょう。

① つたえたい（　　　）に合った図やしりょうをえらんでいるか。

② 自分の（　　　）が相手につたわるように、（　　　）のかんけいをくふうできているか。

[考え　ないよう　だんらく]

4 よこ書きの文は、どのように書きますか。二つに○をつけましょう。

ア（　）文は、右から左に書く。
イ（　）点（、）は、コンマ（，）をつかってもよい。
ウ（　）見出しの数字は、「一」「二」「三」のように書く。
エ（　）「一つ」「一度」などは、漢字で書く。

ものしりメモ 英《えい》語や今の日本語のよこ書きは、左から右に書くけれど、アラビア語やヘブライ語は、右から左に書くんだよ。

きほんのワーク

漢字の広場②　漢字の音《おん》と訓《くん》

教科書　上68～70ページ

答え　7ページ

勉強した日　月　日

もくひょう
- 漢字の音と訓について学ぼう。
- 音と訓のちがいにちゅういして、漢字を読み分けよう。

漢字練習ノート9～10ページ

おわったら シールを はろう

新しい漢字

教科書69ページ

◀練習しましょう。　ひつじゅん　1　2　3　4　5

漢字	読み	画数	ひつじゅん
庭	テイ　にわ	10画	亠 广 庀 庄 庄 庭 庭 庭 庭 庭
命	メイ　いのち	8画	ノ 人 亼 合 合 合 命 命
炭	タン　すみ	9画	山 山 山 山 屵 岸 岸 炭 炭
品	ヒン　しな	9画	口 口 口 口 口口 品 品 品 品
平	ヘイ　ビョウ　たいら　ひら	5画	一 ニ ㇇ 丆 平
皿	さら	5画	丨 冂 冂 皿 皿
等	トウ　ひとしい	12画	𠂉 竹 竹 竺 竺 笙 笙 笙 等 等 等 等
代	ダイ　タイ　かえる　よ	5画	ノ イ 仁 代 代

○新しく学ぶ漢字
●新しい読み方をおぼえる漢字
◆とくべつな読み方の言葉

1 漢字の読み

読みがなをよこに書きましょう。

① 家の●庭
② 人の●命
③ 木●炭
④ 食●品
⑤ ○平ら
⑥ ●平たい
⑦ ●平○等
⑧ ●平和
⑨ ○代える

「平ら」と「平たい」は、おくりがなのちがいにちゅういしよう。

2 漢字の書き

漢字を書きましょう。

① ○□□《こうてい》であそぶ。
② ○□□《じんめい》をすくう。
③ ○□《すみ》やきをする。
④ おれいの○□《しな》。
⑤ ○□《さら》を重ねる。
⑥ あいさつに○□《か》える。

3 二年生の漢字　漢字を書きましょう。

① □《なつ》の□《うみ》。

② □《あさ》早くおきる。

③ ねこの目が□《ひか》る。

④ □《ひる》と□《よる》。

⑤ 空が□《たか》い。

⑥ □《あに》と□《いもうと》。

⑦ □□《じぶん》でできる。

⑧ 近くの□□《こうえん》。

4 次の文は、ア「音《おん》」、イ「訓《くん》」のどちらの説明《せつ》ですか。記号で答えましょう。

① その漢字の意味に合った日本語をあてて読む読み方。（　　）

② 漢字がつたえられた当時の中国《ちゅうごく》での発音に近い読み方。（　　）

③ 意味のわかりやすいものが多い。（　　）

④ それだけでは意味がわかりにくいものがある。（　　）

5 ――の漢字の読みがなを書きましょう。また、その読み方は、「音」と「訓」のどちらですか。○をつけましょう。

読み方　／　○をつけましょう。

① 野原であそぶ。（　　）（音・訓）

② 高原に風がふく。（　　）（音・訓）

③ 全力で走る。（　　）（音・訓）

④ 全くわからない。（　　）（音・訓）

⑤ いすを運ぶ。（　　）（音・訓）

⑥ 運動をする。（　　）（音・訓）

おくりがなのつく読み方は、訓だよ！

6 ――の言葉の二通りの読み方を書きましょう。

① 色紙（　　）（　　）

② 生物（　　）（　　）

ものしりメモ　日本にはじめて入ってきた文字が、漢字。その漢字の形をくずして作ったのが、ひらがな(安《あん》→あ、以《い》→い)、漢字の一部《ぶ》をとって作ったのが、かたかな(阿《あ》→ア、伊《い》→イ)だよ。

まとめのテスト

クラスの「生き物ブック」
漢字の広場②　漢字の音《おん》と訓《くん》

教科書 ㊤62～70ページ
答え 7ページ
勉強した日　月　日
時間 20分
とく点　/100点
おわったらシールをはろう

1 秋山さんは、組み立て表をもとにして、「いろいろな虫の口と食べ方」という題名の、生き物のとくちょうを説明《せつ》する文章を書きました。これについて、もんだいに答えましょう。

1 「組み立て表」と「説明する文章」にそえて、秋山さんがかいたカマキリの図を見くらべて答えましょう。

【組み立て表の図】

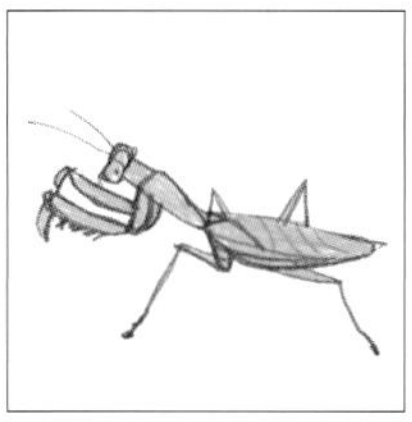

⇩

【説明する文章の図】

(1) よく出る 「組み立て表」をもとに「説明する文章」を書いた時に、図をどのようにかえましたか。（　）に合う言葉を、□からえらんで書きましょう。　一つ5〔10点〕

カマキリの（　　）の図ではなく、（　　）を大きく見せた図にかえた。

食べ方　口　体全体

チャレンジ!

(2) 秋山さんは、「組み立て表」を読み合った時に出された友達《ともだち》の意見を聞いて、(1)のように図をかえることにしました。組み立て表の図を見た友達が出したのは、どのような意見ですか。一つに○をつけましょう。〔10点〕

ア（　）虫の口の形がわかるようにかくとよい。
イ（　）虫の口の形は、食べる物によってちがうのではないか。
ウ（　）ほかの虫の口の形はどうなっているのか気になる。

(3) かえることにしたところは、「組み立て表」をどう直したらよいですか。一つに○をつけましょう。〔8点〕

ア（　）消しゴムで消して書き直す。
イ（　）赤えんぴつで書きくわえる。
ウ（　）新しく全体を書き直す。

(4) 秋山さんは、カマキリの図に「図③」と書きました。図に番号をつけたのは、なぜですか。　一つ5〔10点〕

（　　）と（　　）がむすびつくようにするため。

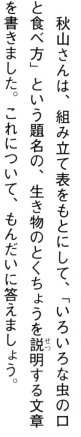

2 よく出る 生き物のとくちょうを説明する文章を書いて、「生き物ブック」を作るとき、次のないようは、どのじゅんに書けばよいですか。（　）に1〜4を書きましょう。

全てできて〔10点〕

（　）調べたこと
（　）調べた本やしりょう
（　）調べたきっかけ
（　）まとめ

3 説明する文章に出てくる次の言葉は、**ア**「理由を表すとき」、**イ**「たとえるとき」のどちらのときにつかう言い方ですか。記号で答えましょう。

一つ4〔12点〕

① ストローのような口です。（　）
② なぜかというと、花のみつをすうからです。（　）
③ そのため、はりのような形をしています。（　）

4 説明する文章を書くときには、どのようなことに気をつけますか。二つに○をつけましょう。

一つ5〔10点〕

ア（　）だんらくのかんけいをくふうして組み立てる。
イ（　）読む人をひきつける書き出しをくふうする。
ウ（　）文のおわりは「です。」「ます。」とする。
エ（　）書くないようの中心をはっきりさせて、しりょうで調べる。

---

2 ――の漢字が「音読《おん》み」なら○、「訓読《くん》み」なら△をかきましょう。

一つ2〔6点〕

① 平泳ぎ（　）　② 水平線（　）
③ 平ら（　）

3 次の言葉の音と訓の読み方を書きましょう。

一つ2〔8点〕

① 一月　音（　）訓（　）
② 風車　音（　）訓（　）

4 ――のひらがなを漢字で書きましょう。

一つ4〔16点〕

① ドアをあける。
年があける。

② 音楽会のかいじょうは体育《いく》館です。
かいじょうを船が進《すす》んでいく。

ものしりメモ　動物も食べ方に合った歯《は》をもっているよ。草食動物はたくさんの草をすりつぶすために大きくて強い歯、肉食動物はえものの肉を切りさくために、とがったするどい歯をもっているよ。

きほんのワーク

紙ひこうき、きみへ

教科書 上72～89ページ

答え 8ページ

勉強した日　月　日

もくひょう

●登場人物の行動をとらえよう。

●動きや様子を表す言葉にちゅうもくして、気持ちを思いうかべよう。

おわったらシールをはろう

漢字練習ノート11ページ

新しい漢字

教科書ページ	漢字	読み	画数
73	着	チャク　きる　つく	12画
73	客	キャク	9画
74	待	タイ　まつ	9画
75	持	ジ　もつ	9画
78	具	グ	8画
78	取	シュ　とる	8画
78	旅	リョ　たび	10画
78	様	ヨウ　さま	14画
79	悲	ヒ　かなしい	12画
88	部	ブ	11画
88	屋	オク　や	9画

◀ひつじゅん 1 2 3 4 5 練習しましょう。

1 漢字の読み　読みがなをよこに書きましょう。

① ○着く

② お○客

③ ○待つ

④ 気○持ち

⑤ 道○具

⑥ ○取る

⑦ ○旅

⑧ ○様子

⑨ ○悲しい

⑩ ◆今朝

⑪ ●旅行

⑫ サッカー○部

⑬ パン○屋

○新しく学ぶ漢字
●新しい読み方をおぼえる漢字
◆とくべつな読み方の言葉

3 言葉の意味　○をつけましょう。

① 75ページ ひとなつこい声。

ア（　）相手が親しみやすい声。

イ（　）相手がいやがる声。

ウ（　）相手をからかう声。

2 漢字の書き

漢字を書きましょう。

1 家に□《つ》く。

2 □□《どうぐ》をつかう。

3 □《たび》をする。

4 □《かな》しくなる。

5 パン□《や》の主人。

「具」の形にちゅうい！

○具

×具

ないようをつかもう！

紙ひこうき、きみへ　この文章のあらすじをまとめます。物語の順番《じゅん》になるように（　）に2～5を書きましょう。　教科書 72～85ページ

（１）キリリがミークと出会う。

（　）キリリは、はさみでさまざまな空を切り取り、紙ひこうきにしてとばす。

（　）キリリは、ちょうちょたちがとぶ空を見上げる。

（　）キリリとミークは、いっしょにごはんを食べたり夜空を見たりする。

（　）ミークは、はさみで切り取った空を紙ひこうきにしてとばし、旅に出る。

キリリは、ミークが旅に出る前に、空を切り取るはさみをもらっていたよ。

2 75 くすぐったそうにわらいました。

ア（　）楽しそうに。

イ（　）はずかしそうに。

ウ（　）つまらなそうに。

3 76 夕ごはんをたいらげました。

ア（　）たくさん食べた。

イ（　）少しだけ食べた。

ウ（　）のこさず食べた。

4 77 ほがらかに、わらっている。

ア（　）心の中だけで。

イ（　）明るい気持ちで。

ウ（　）大きな声を出して。

5 81 にやっとわらう。

ア（　）声をださずちょっとわらう。

イ（　）大きく口を開けてわらう。

ウ（　）こらえきれずわらう。

6 85 にっこりする。

ア（　）おどろくこと。

イ（　）おちこむこと。

ウ（　）ほほえむこと。

ものしりメモ　リスの歯《は》は、植《しょく》物のかたいたねを食べられるようにならんでいるよ。さらに、リスの歯は一生のびつづけるから、かたいたねをかじりすぎて歯がなくなることもないんだよ。

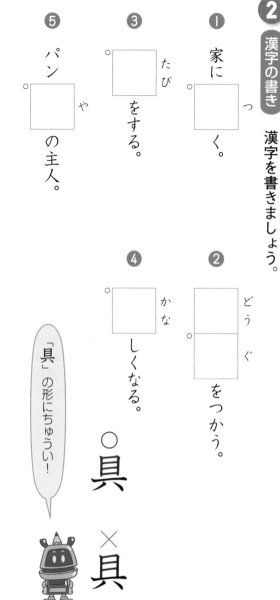

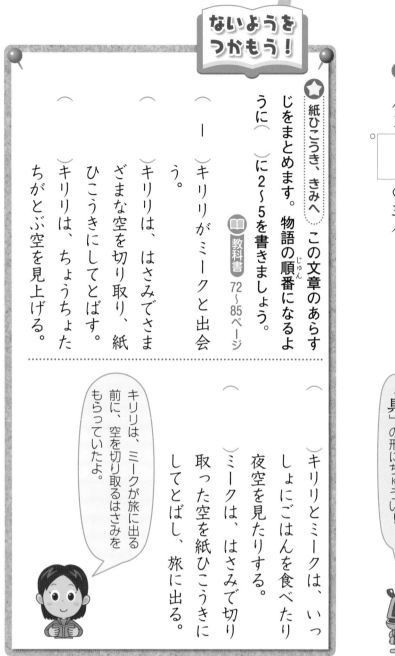

練習のワーク①

紙ひこうき、きみへ

教科書 上72〜89ページ
答え 8ページ

できるナビ
●キリリとミークの考え方のちがいをとらえよう。
●様子や行動から気持ちをつかもう。

勉強した日　月　日

おわったらシールをはろう

次の文章を読んで、問題に答えましょう。

その夜、ミークはキリリのうちにとまることになりました。そして、朝になると、キャンプ用の道具をつかって、たんぽぽコーヒーをいれました。リュックサックの中からフライパンやひまわりのこな、メープルシロップを取りだして、パンケーキもやきました。

「すごいな。きみのリュック、あれもこれも入っているんだね。」

キリリが感心していると、

「旅をするのに、いるものだけだよ。ぼくの持ちものなんて、いぶくろに入れたらなくなっちゃうものが、ほとんどだね。」

ミークはとくいになる様子もなく、すずしい顔をしています。

「行く先々で手に入るものが、いちばんだって思ってる

2　キリリは、ミークのリュックを見て、どう思いましたか。一つに○をつけましょう。

ア（　）いろいろなものが入っていてすごい。
イ（　）めずらしいものが入っていておもしろい。
ウ（　）いらないものまで入っていてだらしない。

ミークは、リュックからパンケーキ作りにいるものを出していたよ。

3　ミークがリュックに入れているものは、どのようなものですか。

旅をするのに（　　　　）だけで、ほとんどが
いぶくろに入れたら（　　　　）。

4　「とくいになる様子もなく、すずしい顔をしています」とありますが、この時、ミークはどんな気持ちでしたか。一つに○をつけましょう。

ア（　）ぼくの持ちものは、とてもすごいものなんだ。
イ（　）ぼくの持ちものは、ぜんぜんすごくないんだ。
ウ（　）ぼくの持ちものは、あまり見せたくないんだ。

言葉の意味プラス
10行　感心…りっぱだと感じること。
14行　とくい…ほこらしげな様子。
14行　すずしい顔…平気でおちついている顔。
16行　先々…出かける場所《しょ》それぞれのこと。

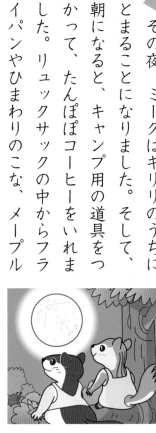

んだ。いろんなものを見て聞いて、味わって。はじめてのものにふれて。それこそが旅の楽しさだもの。だからね、毎日、知ってわすれて、そのくりかえしだよ。」

「……知ってわすれて？　わすれる？」

「そうだよ。なんでも、おぼえているわけにはいかない。よくばって、にもつを入れすぎたかばんみたいに、心が重たくなっちゃうだろう。心が重たくなると、からだも思うように動かなくなるからね。わすれるのは、大切なことだよ。」

どうしてか、キリリは、悲しくなりました。

だから、ミークが今言ったことは、わすれることにしました。

〈野中《のなか》柊《ひいらぎ》「紙ひこうき、きみへ」による〉

1 ミークが朝に用意したのみものは、なんですか。

□□□□□□□□

5 よく出る 「それこそが旅の楽しさだもの。」とありますが、ミークが旅の楽しさを感じるのは、どのようなことですか。

いろんなものを見て聞いて、味わうことや、

（　　　　　　　　）。

ミークは、行く先々で手に入るものがいちばんと思っているよ。手に入るものには、けいけんもふくまれているんだね。

6 「なんでも、おぼえているわけにはいかない。」とありますが、ミークは、なんでもおぼえていると、どうなると考えていますか。

心が重たくなって、

（　　　　　　　　）。

7 よく出る 「わすれることにしました」とありますが、キリリがわすれることにしたのは、なぜですか。

キリリは、ミークが言ったことを聞いた時の気持ちをわすれたいんだね。

わすれるのは、（　　　　）だというミークの話を聞いて、どうしてか（　　　　）なったから。

ものしりメモ　シマリスは、木のあなや地下のあなをつかって巣《す》をつくるよ。そして、夏から秋にかけてたくさん食べて、体にえいようをたくわえて、冬に地下の巣でねてすごす冬眠《とうみん》をするんだよ。

練習のワーク②

紙ひこうき、きみへ

教科書　㊤72～89ページ
答え　8ページ

できるナビ
●キリリの言葉や考えていることから、気持ちを読み取ろう。
●ミークの行動をとらえよう。

勉強した日　月　日

おわったら シールを はろう

次の文章を読んで、問題に答えましょう。

そして、ある日、ミークが言ったのです。

「もう行かなくちゃ。」

キリリにはわかっていました。この日が来ることが。それでもなお、聞きちがいかと思いました。

「えっ。なんて。」

「気づかなかった？　今朝、新しい風がふいたんだよ。」

ミークは旅がすきなのです。日々、前へ前へとすすんでいって、新しくなるけしきの中で生きていくのが、にあっているのです。

でも、行ってしまうの？　いよいよ、本当に？　ぜったいなくまい、と思ったときには、キリリの目はいたくなっていました。

「じゃあ、紙ひこうき、もうとばしたの？」

「いや、まだだよ。きみもいっしょに行かない？」

「ぼくも？」

キリリは、ぽかんとしてしまいました。旅に出るなん

1　「えっ。なんて。」とありますが、キリリが聞き返したのは、なぜですか。一つに○をつけましょう。

ア（　）聞こえないふりをしてからかおうとしたから。
イ（　）聞きちがえてしまうほど声が小さかったから。
ウ（　）聞こえたことがしんじたくないことだったから。

キリリは、ミークがまた旅に出る日が来ることを、言われる前からわかっていたんだね。

2　よく出る●「目はいたくなっていました」とありますが、この時、キリリはどのような気持ちでしたか。一つに○をつけましょう。

ア（　）ミークとのわかれがとてもつらい。
イ（　）ミークと出会えてほんとうによかった。
ウ（　）ミークの新しい旅立ちがとてもめでたい。

3　「きみもいっしょに行かない？」とミークに言われて、キリリはどうしてしまいましたか。

（　　　　　　　　　　）

言葉の意味プラス
6行　今朝…きょうの朝のこと。　16行　ぽかんと…ぼんやりしている様子。
33行　目を丸くする…おどろいて目を大きく見開くこと。

て考えたこともありませんでした。今のくらしが、とても気に入っていましたから。

「いいもの見せてあげようか。」

ミークはリュックサックから、何かを取りだして、木に登っていきました。キリリも後をおいます。高いえだにたどりついたところで、ミークは空に手をのばしました。

おや？　小さなはさみを持っています。

ちきちきっ！　リズミカルな音がしました。そっとつまんだ四角いものを、「ほら。」とキリリにさし出しました。

なんとまあ、空でした。

ミークは空を切り取ったのです。

びっくりして目を丸くしているキリリにむかって、にやっとわらうと、ミークはすばやくゆびさきで何かメッセージを書き、紙ひこうきを作ってとばしました。ちょうどふいてきた風にのって、それはまた空の色にとけこんで消えてしまいました。

〈野中《のなか》　柊《ひいらぎ》「紙ひこうき、きみへ」による〉

4 よく出る　「旅に出るなんて考えたこともありませんでした。」とありますが、キリリが考えたこともなかったのはなぜですか。

（　　　　）

5 「何かを取りだして、木に登っていきました」とありますが、ミークが取りだしたのは、なんですか。

□□□□□□

6 「びっくりして目を丸くしている」とありますが、キリリがびっくりしているのは、なぜですか。

ミークは、さし出した四角いものを、どうやって手に入れたのかな。

ミークが空を（　　　　）から。

7 「空の色にとけこんで消えてしまいました」とありますが、消えてしまったのは、なんですか。

ミークが何か（　　　　）を書いたあとに、作ってとばした（　　　　）。

ものしりメモ　地球《ちきゅう》でとばす紙ひこうきには、下におちる力（重力）と、上にあがる空気の力がはたらいているよ。けれど宇宙《うちゅう》船の中では重力がないから、とばしてもおちずに上へいってしまうんだ。

1 ひつじゅんに気をつけて、ローマ字を書きましょう。

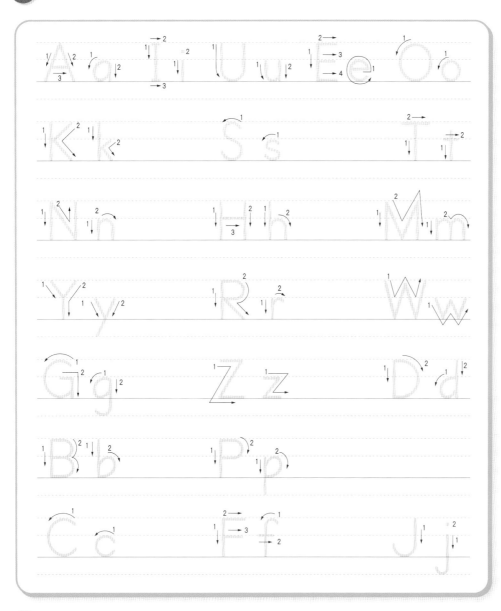

Aa Ii Uu Ee Oo

Kk Ss Tt

Nn Hh Mm

Yy Rr Ww

Gg Zz Dd

Bb Pp

Cc Ff Jj

2 次のローマ字の読み方を、ひらがなで書きましょう。

❶ aki （　　　）　❷ yoru （　　　）

❸ matuge （　　　）　❹ hasami （　　　）

❺ wasabi （　　　）　❻ tansu （　　　）

3 □にローマ字を入れて、（　）の意味の言葉を作りましょう。

❶ □aki（かき）　❷ □aki（たき）

❸ □usi（すし）　❹ □usi（むし）

きほんのワーク

言葉の広場② ローマ字

言葉の広場③ ローマ字とコンピューター

教科書 上90〜95ページ

答え 9ページ

もくひょう

●ローマ字で、かんたんな言葉を読んだり書いたりできるようになろう。

●コンピューターのローマ字入力について学ぼう。

勉強した日　月　日

おわったらシールをはろう

4 次の言葉を、ローマ字で書きましょう。

「が」や「ざ」など、にごる音も「゛」ではなく、それぞれのローマ字をつかって書くよ。

❶ うた

❷ りす

❸ みかん

❹ てがみ

5 次の日本語をローマ字で書くとき、書き方が正しいほうに○をつけましょう。

❶ ひゃく　ア（　　）hiyaku　イ（　　）hyaku

❷ ほんや　ア（　　）hon'ya　イ（　　）honya

❸ くうき　ア（　　）kûki　イ（　　）kuuki

❹ はっぱ　ア（　　）hapa　イ（　　）happa

❺ ながのけん　ア（　　）Nagano-ken　イ（　　）nagano-ken

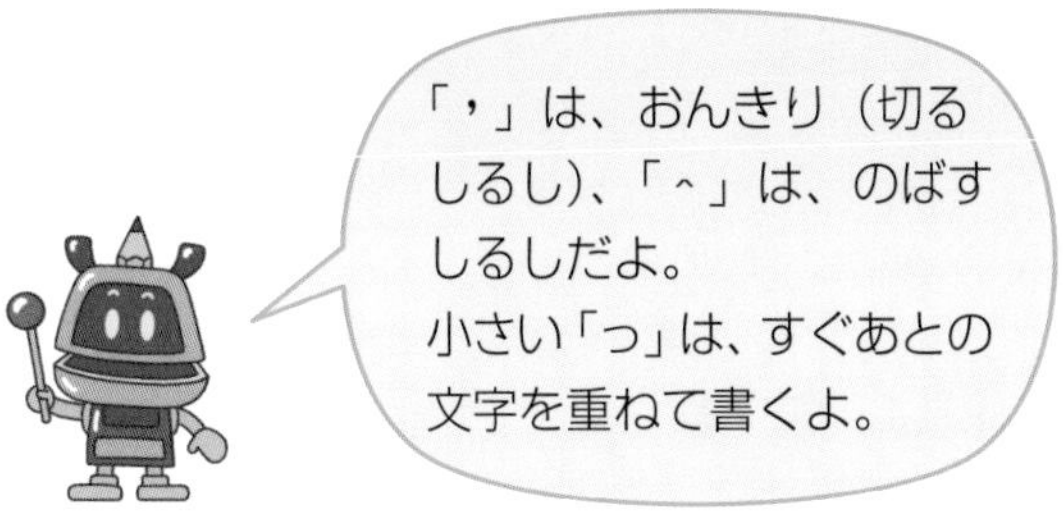
「’」は、おんきり（切るしるし）、「＾」は、のばすしるしだよ。
小さい「っ」は、すぐあとの文字を重ねて書くよ。

言葉の広場③　ローマ字とコンピューター

6 次の文字をコンピューターのキーボードで入力すると、どんな言葉になりますか。ひらがなで書きましょう。

❶ I K A（　　　　）

❷ D O K U S Y O（　　　　）

❸ S I P P O（　　　　）

❹ S O U Z I（　　　　）

❺ R I N N G O（　　　　）

❻ O T Y A（　　　　）

7 「ジュースをのんだ」をコンピューターに入力するとき、どのようにうつとよいですか。一つに○をつけましょう。

かたかなの言葉ののばす音は、どんなふうにうつとよいのかな。

ア（　　）Z Y U U S U O N O N N D A

イ（　　）Z Y U ー S U O N O N N D A

ウ（　　）Z Y U ー S U W O N O N N D A

ものしりメモ ローマ字は、400年以《い》上前、キリスト教を広めるために日本に来た外国人によってつたえられたよ。日本のむかしの物語の「平家《へいけ》物語」などは、ローマ字で書かれたものもあるよ。

まとめのテスト　紙ひこうき、きみへ　言葉の広場②　ローマ字

教科書　上72～95ページ
答え　9ページ

時間20分
とく点　　/100点
おわったらシールをはろう

勉強した日　月　日

1 次の文章を読んで、問題に答えましょう。

もしかしたら、ミークはもうぼくのことをわすれたかしら?

ある日、そう考えたら、悲しくなって、キリリはその日その日の小さな空を紙ひこうきにするのはやめました。

ぼくはわすれない、わすれない、わすれたくない。だから、切り取った空を大切にしまっておくことにしたのです。古い旅行かばんの中に。

とめ金を外してかばんを開けるときには、気をつけなければなりません。ちょっと風がふいただけで、切り取られた空たちは、ふうわり、どこかへとんでいこうとするからです。

「だめだよ、ここにいなくちゃ。」

ああ、でも、キリリの心だって、もうここにあるかどうか、わかりません。そのことに気づいたとき――。がたがたっ! いきなり、かばんがはねるように動きだしました。はずみながら、森の小道をすすんでいきました。

1 「そう考えたら、悲しくなって」とありますが、キリリは、どんなことを考えたのですか。〔20点〕

ミークは（　　　　　）かもしれない、ということ。

2 「切り取った空を大切にしまっておくことにした」について答えましょう。

(1) よく出る　しまっておくことにしたのは、なぜですか。〔10点〕

ミークのことを（　　　　　）から。

(2) どこにしまいましたか。〔10点〕

3 「だめだよ」とありますが、キリリは、どうすることをだめだと言っているのですか。〔10点〕

切り取られた空たちが、（　　　　　）とすること。

言葉の意味プラス
10行　ふうわり…かるくてうきあがる様子。　20行　とりどり…いろいろな種類《しゅるい》があること。
24行　はるか…間がとても大きいこと。　28行　からっぽ…中になにも入っていないこと。

キリリはすぐにおいかけました。

ばんっ！　やがて大きな音をたてて、かばんが開き、色とりどりのちょうちょがいっせいにとびたちました。

キリリは、ずっと空を見上げていました。ちょうちょたちが、はるか遠くへ行ってしまうまで。

それから、かばんに近づいていってみると――。もうすっかり、からっぽかと思ったら、おや？　紙ひこうきが一つ。

知っています、これは！　いつの日か、キリリの目の前で、ミークがとばしたものでした。開いてみたら、やはり見おぼえのある文字で、こう書いてありました。

「また会おう、きっとだよ。」

キリリはにっこりして、旅行かばんを手に歩きだしました。

〈野中《のなか》　柊《ひいらぎ》「紙ひこうき、きみへ」による〉

4 よく出る　ちょうちょたちがとんでいく時、キリリは、どうしていましたか。〔10点〕

（　　　　）

5 チャレンジ!　「紙ひこうき」を見た時、キリリは、どう思いましたか。一つに○をつけましょう。〔10点〕

ア（　）ミークがまた来ることを知らせてくれたんだ。

イ（　）ミークがむかしにとばしたものでまちがいない。

ウ（　）ミークがむかしにとばしたものであってほしい。

6 書いてみよう!　「また会おう、きっとだよ。」とありますが、これを読んだ時、キリリは、どんな気持ちになったのでしょうか。（　）に合う言葉を考えて書きましょう。〔15点〕

ミークの気持ちを知ることができて、（　　　　）。

2 次のローマ字の読み方を、ひらがなで書きましょう。一つ3〔15点〕

1 inu

（　　　　）

2 kitte

（　　　　）

3 gakkô

（　　　　）

4 kingyo

（　　　　）

5 zen'in

（　　　　）

ものしりメモ　空の色がかわるのは、太陽《よう》の光が様々な色をふくんでいるからなんだ。夕方になると、赤色の光は地上にとどいているのに、ほかの色の光はとどかなくなるから、空が赤くなるんだよ。

きほんのワーク

「りす公園」はどこにある？

教科書 上98～101ページ
答え 10ページ

勉強した日 月 日

もくひょう
●話を聞くときのメモの取り方を学ぼう。
●話を聞いたあと、どんなしつもんをするとよいか学ぼう。

おわったらシールをはろう

漢字練習ノート12ページ

新しい漢字

ひつじゅん ▶練習しましょう。

教科書99ページ
遊 ユウ あそぶ 12画

100
駅 エキ 14画

100
曲 キョク まがる 6画

1 漢字の読み

読みがなをよこに書きましょう。

○新しく学ぶ漢字
●新しい読み方をおぼえる漢字
◆とくべつな読み方の言葉

① ○遊ぶ　② ○駅
③ ○曲がる　④ ◆八百屋

「遊」の「辶」は、画数をまちがえやすいから、ちゅういしよう！

2 漢字の書き

漢字を書きましょう。

① 公園で○□《あそ》ぶ。　② ○□《えき》にむかう。
③ 右に○□《ま》がる。

3

話を聞いてメモを取る時に大事なことをまとめました。（　）に合う言葉を□からえらんで書きましょう。

①（　）だと思う言葉を書く。
②（　）のまとまりを考えながら書く。
③ ——線や矢印《じるし》などの（　）をつかって書いてもよい。

記号　大事　ないよう

話を聞いたあとに、くわしく知りたいことや、よくわからないところがあったら、しつもんをするといいよ。

4 秋月さんは、先生に学校から図書館へ行く道を聞きました。次の会話の一部を読んで、問題に答えましょう。

先生 まず学校の西側《がわ》にある、大きなこうさ点にむかってまっすぐ行くよ。こうさ点を右に曲がって、まっすぐ行くとカフェがあるよね。そのカフェを左に曲がると、図書館があるんだ。

秋月 カフェは何けんかあった気がするのですが、そのカフェにはどんなとくちょうがありますか。

先生 赤い三角の屋根《ね》がとくちょうだよ。

1 秋月さんは、先生の話を聞いて、メモを取りました。（　）に入る言葉を書きましょう。

●学校の西側→大きなこうさ点までまっすぐ
●（　　　　）に曲がる→まっすぐ
●カフェを左に曲がる

2 秋月さんが、カフェのとくちょうについてしつもんしたのは、なぜですか。一つに○をつけましょう。

ア（　）カフェがあるのかたしかめたかったから。
イ（　）どのカフェで曲がるのか知りたかったから。
ウ（　）カフェが何かよくわからなかったから。

5 前田さんは、小林さんと「うさぎ公園」で遊ぶやくそくをしました。次の地図と、【前田さんのメモ】を見て答えましょう。

【前田さんのメモ】
うさぎ公園
・学校からスーパーの方へまっすぐ
・おうだん歩道をわたって右
・犬をかっている家
→角を左

地図には公園が二つあって、どちらが「うさぎ公園」かわからないので、前田さんはしつもんすることにしました。どんなしつもんをすれば、ばしょがわかりますか。一つに○をつけましょう。

ア（　）犬をかっている家の近くには、ほかに何がありますか。
イ（　）公園は、どのくらいの広さですか。
ウ（　）学校から公園までは、歩いてどのくらい時間がかかりますか。

ものしりメモ 聞き取ったことをすばやく書くことが仕《し》事の人を、速《そっ》記者《しゃ》というよ。国の議《ぎ》会での話し合いなどを、せんようの記号で書き取って、あとでふつうの文字に直すんだ。

きほんのワーク

取材《ざい》したことをほうこく文に　SDGs

教科書 上102～107ページ
答え 10ページ

勉強した日　月　日

もくひょう
●調べたことをほうこくするときのまとめ方をおさえよう。
●インタビューの仕方を学ぼう。

おわったらシールをはろう

漢字練習ノート12ページ

新しい漢字

教科書103ページ　ひつじゅん 1 2 3 4 5　◀練習しましょう。

漢字	読み	画数	教科書ページ
仕	シ　つかえる	5画	103
写	シャ　うつす	5画	103
真	シン　ま	10画	103
礼	レイ	5画	103
安	アン　やすい	6画	103
商	ショウ	11画	103
員	イン	10画	103
区	ク	4画	106
申	もうす	5画	107

○新しく学ぶ漢字
●新しい読み方をおぼえる漢字
◆とくべつな読み方の言葉

1 漢字の読み　読みがなをよこに書きましょう。

1 仕事
2 写真
3 お礼
4 安い
5 商品
6 店員
7 区別《べつ》
8 申しこむ

「仕」の右がわは、「土」ではないよ。上のよこ線の方が、下のよこ線より長いんだ。

2 漢字の書き　漢字を書きましょう。

1 □□《しごと》をする。
2 □□《しゃしん》をとる。
3 お□《れい》の言葉。
4 □《やす》い品物。
5 □《く》別して書く。

3 取材《ざい》したことをほうこくする手順《じゅん》をまとめました。（　）に2〜5を書きましょう。

（ 1 ）「取材メモ」を作り、調べる。

（　）書いた文章を友達《ともだち》と読み合う。

（　）「取材メモ」の中から、書くないようをえらぶ。

（　）書いた文章を読み返す。

（　）「取材メモ」をもとにほうこく文を書く。

4 「取材メモ」に書くことをまとめました。（　）に合う言葉を[　]からえらんで書きましょう。

1 さいしょに、（　）を書く。

2 見学したり（　）をしたりして、わかったことを書く。

3 わかったことについて、自分が（　）や考えたことを書く。

[知りたいこと　思ったこと　インタビュー]

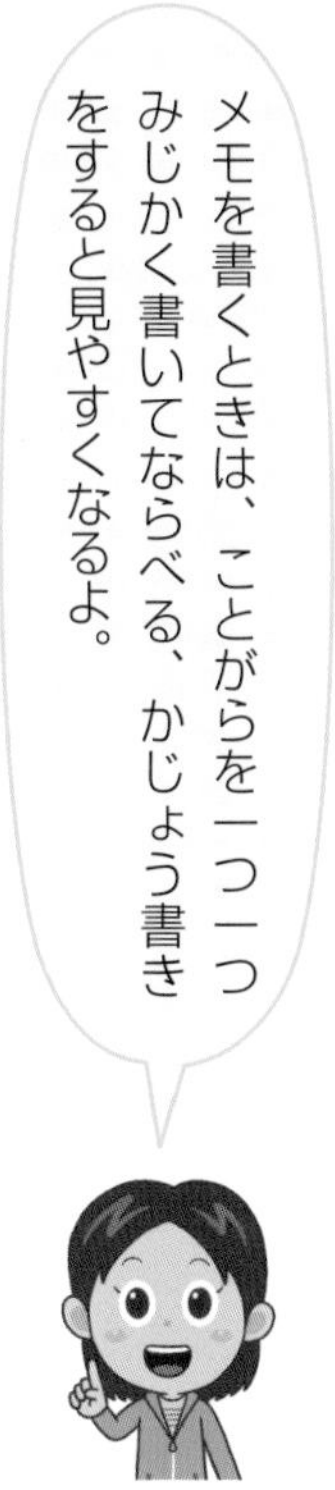
メモを書くときは、ことがらを一つ一つみじかく書いてならべる、かじょう書きをすると見やすくなるよ。

5 取材したことをまとめるときには、どのようなことを中心にして組み立てを考えることが大事ですか。一つに○をつけましょう。

ア（　）取材したことの中で、わからなかったこと。

イ（　）取材したことの中で、自分が知っていたこと。

ウ（　）取材したことの中で、自分がつたえたいこと。

6 インタビューをするための手順をまとめました。（　）に合う言葉を[　]からえらんで書きましょう。

1 インタビューの（　）と、たずねたいないようをきめる。

2 手紙や電話で、インタビューを申しこむ。

3 グループで（　）をきめる。

4 インタビューの（　）をする。

[ぶんたん　練習　相手]

7 インタビューをするときには、どのような話し方や聞き方をするようにちゅういしますか。合わないもの一つに○をつけましょう。

ア（　）相手の時間をとらないように早口で話す。

イ（　）わからないことがあれば、しつもんをする。

ウ（　）あいさつをしたり、お礼の言葉を言ったりする。

ものしりメモ 「インタビュー」は、「インター（たがいに）」「ビュー（見る）」の二つが合わさってできた言葉だよ。だから英《えい》語では、「会見」や「面接《せつ》」といった意味でもつかわれるよ。

きほんのワーク　自分の気持ちを手紙に

教科書　上108～109ページ

答え　10ページ

もくひょう
- 目的《てき》に合った正しい手紙の書き方を身につけよう。
- ふうとうの書き方を学ぼう。

勉強した日　月　日

おわったらシールをはろう

新しい漢字

教科書108ページ

ひつじゅん　1 2 3 4 5　◀練習しましょう。

漢字	読み	画数	ページ
送	ソウ　おくる	9画	108
所	ショ　ところ	8画	108
丁	チョウ	2画	109
住	ジュウ　すむ	7画	109

漢字練習ノート13ページ

1 漢字の読み

読みがなをよこに書きましょう。

1. ○送る
2. ○場○所
3. ○一丁目
4. ○住○所

○新しく学ぶ漢字　●新しい読み方をおぼえる漢字　◆とくべつな読み方の言葉

「場」も「所」も「ところ」の意味だよ！

2 漢字の書き

漢字を書きましょう。

1. 手紙を□（おく）る。
2. いつもの□□（ばしょ）。
3. □□□（いっちょうめ）。
4. □□（じゅうしょ）を書く。

3

ふうとうに住所や名前などは、どのように書きますか。1～5に合うものを□からえらんで、記号で答えましょう。

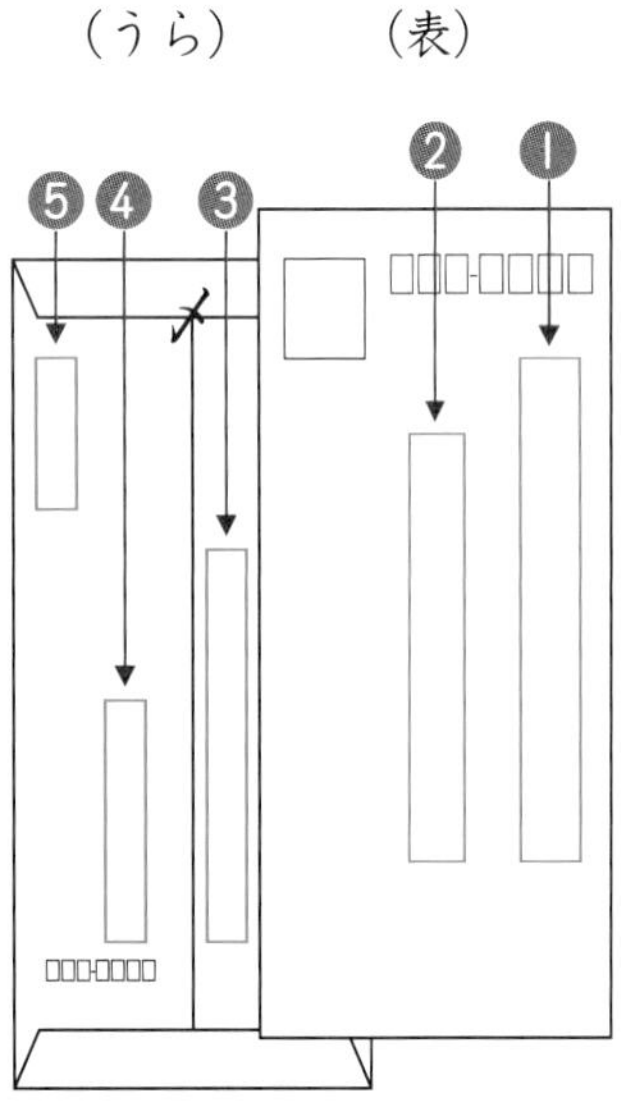
（表）
（うら）
1
2
3
4
5

ア　自分の名前　イ　自分の住所　ウ　日付《づけ》
エ　相手の名前　オ　相手の住所

1（　）2（　）3（　）4（　）5（　）

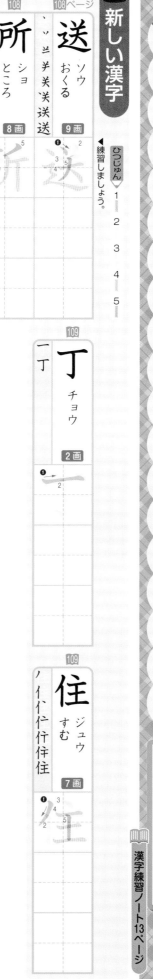

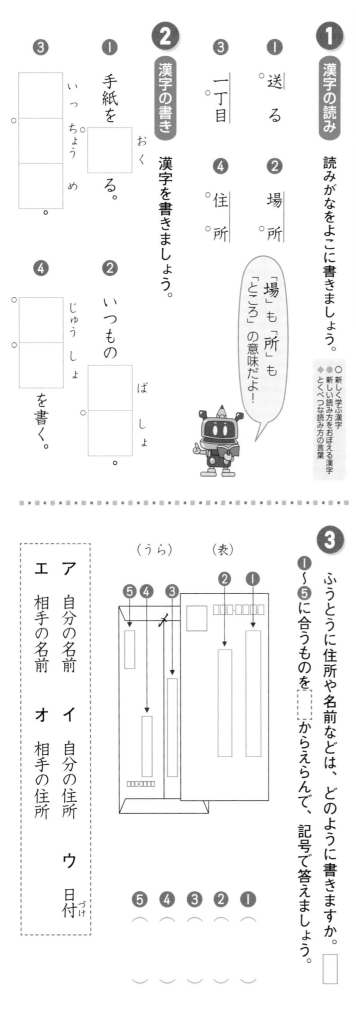

4 阿部《あべ》さんは、社会科見学で行ったスーパーマーケットに、手紙を書きました。阿部さんの手紙を読んで、問題に答えましょう。

（ア）
秋らしい風を感じるようになりました。ニコニコスーパーのみなさんは、お元気でしょうか。

（イ）
わたしは、先日お店を見学させていただいた、明《みょう》田《でん》小学校の阿部明奈《あきな》です。
開店前のお店の中を見せていただき、いつもは見ることのない場所や、お店のかたがたのいろいろな仕事に、おどろきました。売り場にならぶ品物の一つ一つに、お店のかたの気持ちやくふうがあることを知って、これから買い物に行くのが楽しみになりました。

（ウ）
おいそがしい中、見学をさせていただき、ありがとうございました。
お体に気をつけて、これからもお仕事をがんばってください。

（エ）
九月二十四日

明田小学校　阿部　明奈

ニコニコスーパー
大川《おおかわ》　志郎《しろう》　様

〈「自分の気持ちを手紙に」による〉

1 よく出る 手紙の書き方を説明《せつ》した次の文の（　）に合う言葉を、［　］からえらんで書きましょう。

（ア） はじめのあいさつには、（　　）の言葉や（　　）を書く。

（イ） 本文には、（　　）を書く。

（ウ） むすびのあいさつを書く。

（エ） 後づけは、（　　）、自分の名前、相手の名前の順《じゅん》で書く。

［つたえたいこと　きせつ　じこしょうかい　日付］

2 阿部さんがこの手紙を書いた目的《てき》はなんですか。一つに○をつけましょう。

だれに何をつたえたくて書いた手紙かな。

ア（　）ほうこく文の感想をきくため。
イ（　）ほかの人にもスーパーの見学をすすめるため。
ウ（　）かんしゃの気持ちをつたえるため。

3 この手紙をふうとうに入れて送るとき、ふうとうの表には、どこの住所を書きますか。

（　　　　）

ものしりメモ はがきの数え方を知っているかな。用紙としては「一まい、二まい」と数えるけれど、何か書いてあれば、手紙のように「一通、二通」と数えるんだよ。

きほんのワーク

漢字の広場③ 送りがな

教科書 上110～112ページ

答え 11ページ

勉強した日 月 日

もくひょう
- 送りがなのつけ方を身につけよう。
- 送りがなによって、漢字を読み分けられるようにしよう。

おわったら シールを はろう

漢字練習ノート13～14ページ

新しい漢字

教科書ページ

◀練習しましょう。 ひつじゅん 1 2 3 4 5

教科書	漢字	読み	画数	筆順
110	打	ダ うつ	5画	一 十 扌 打 打
110	飲	イン のむ	12画	𠆢 今 今 食 食 飲
110	負	フ まける おう	9画	ノ ク 𠂊 负 負 負
110	暑	ショ あつい	12画	口 日 旦 早 昇 暑
110	暗	アン くらい	13画	丨 日 日 旷 暗 暗
111	洋	ヨウ	9画	丶 氵 氵 洋 洋 洋
111	服	フク	8画	丿 月 月 月 服 服
111	育	イク そだつ そだてる はぐくむ	8画	亠 亠 云 育 育 育
111	苦	ク くるしい にがい	8画	一 十 艹 苦 苦 苦
111	薬	ヤク くすり	16画	一 艹 甘 甘 蕐 薬

1 漢字の読み

読みがなをよこに書きましょう。

○新しく学ぶ漢字 ●新しい読み方をおぼえる漢字 ◆とくべつな読み方の言葉

❶ ○打つ　❷ ○飲む　❸ ○負ける　❹ ○暑い

❺ ○暗い　❻ ◆明日　❼ ○洋○服　❽ ○育つ

❾ ●育てる　❿ ●育む　⓫ ●苦い　⓬ ○薬

2 漢字の書き

漢字を書きましょう。

❶ お茶を〔 〕《の》む。

❷ 〔 〕〔 〕《ようふく》を着る。

❸ すくすくと〔 〕《そだ》つ。

❹ 〔 〕《くる》しい練習。

3 二年生の漢字　漢字を書きましょう。

① 鳥が□《は》ばたく。

② □《うし》と□《うま》。

③ 力が□《つよ》い。

④ □□《ゆみや》を□《ひ》く。

4 （　）に送りがなを書きましょう。

① 引　引く

（か）ない　（　）ます　（　）とき　（　）ば　（　）う　（　）た

② 切　切る

（ら）ない　（　）ます　（　）とき　（　）ば　（　）う　（　）た

5 ――の言葉の言い切りの形を書きましょう。

① 話します（　　）

② 読もう（　　）

6 ――の読みがなをよこに書きましょう。

① 生きる ―― 生まれる ―― 生える

② 下がる ―― 下る ―― 下りる

7 送りがなの正しいほうに、○をつけましょう。

① ア（　）用いる　イ（　）用ちいる

② ア（　）転る　イ（　）転がる

③ ア（　）新らしい　イ（　）新しい

④ ア（　）止める　イ（　）止る

8 漢字と送りがなで書きましょう。

① 学校に□《いく》。　入学式《しき》を□《おこなう》。

② 線と線が□《まじわる》。　すなが□《まじる》。

③ 月の□《あかり》。　夜空が□《あかるい》。

いろいろな読み方がある漢字は、読み方を区別《べつ》できるように、送りがながちがうんだよ。

ものしりメモ　「あたらしい」という言葉は、むかし「あらたし」といったよ。「あらたな一年」「あらたに学ぶ」というときの「あらた」と同じだったんだよ。

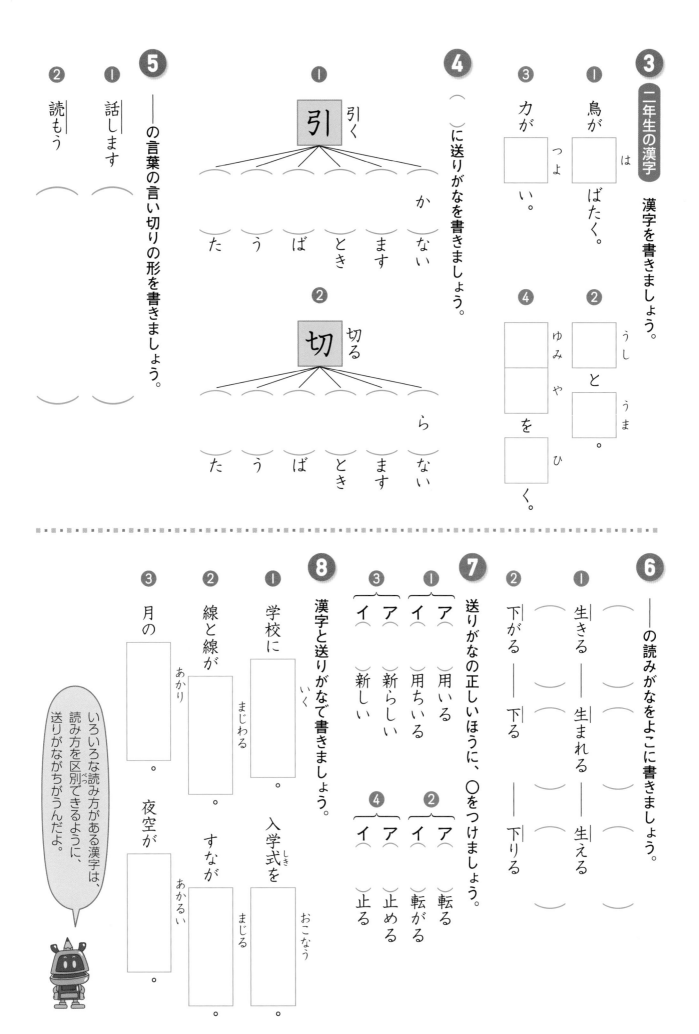

教科書 上102～112ページ
答え 11ページ
勉強した日 月 日

まとめのテスト 取材《ざい》したことをほうこく文に SDGs
漢字の広場③ 送りがな

時間20分
とく点 /100点
おわったらシールをはろう

1 「取材《ざい》したことをほうこく文に」を読んで、問題に答えましょう。

教科書
104ページはじめ～106ページおわり
（3ほうこく文を書く。……）
（……を書きましたか。）

1 教科書104ページ3行「1調べたこと・調べた理由」とありますが、この一行で阿部《あべ》さんはどんなくふうをしていますか。一つに○をつけましょう。〔5点〕

ア（　）一行多くなるように、同じことをくり返し書いている。

イ（　）まとまりがわかりやすくなるよう、見出しをつけている。

ウ（　）書いたことをわすれないよう、くわしくメモをしている。

チャレンジ！ **2** 教科書105ページ1行「(2) スーパーの店のうらがわでの仕事」には、どんな仕事がありましたか。一つ5〔10点〕

❶（　　　　）仕事。

❷ パックをした魚の上に、ねだんやしょうひきげんが書いてある（　　　　）仕事。

3 阿部さんが見学した時に、しつもんしたことは、なんですか。〔5点〕

（　　　　）

4 スーパーには、レジをうつ人のほかに、どんな仕事をしている人がいますか。一つ5〔15点〕

●品物を（❶　　　　）人。

●品物を（❷　　　　）人。

●コンピューターで（❸　　　　）人。

言葉の意味プラス
教科書105ページ かっぽうぎ…料《りょう》理をするときに着る、そでのある上着。
105ページ しょうひきげん…正しい方法《ほう》でほぞんしていれば安全に食べることができる日。

5 教科書105ページ9行「……ということでした。」とありますが、これはどんなことを表す書き方ですか。一つに○をつけましょう。〔5点〕

ア（　）自分が考えたこと。

イ（　）じっさいにあったこと。

ウ（　）人から聞いたこと。

6 よく出る！ 阿部さんがほうこく文でいちばんつたえたいことは、なんですか。一つ5〔10点〕

スーパーでは、レジ以外《い》にもいろいろな［　　］があり、［　　　　］ところではたらいている人も、たくさんいること。

7 よく出る！ ほうこく文を書くときは、どうするとないようが正しくつたわりますか。一つに○をつけましょう。〔5点〕

ア（　）人から聞いたことも、自分の意見としてまとめて書く。

イ（　）かじょう書きはつかわず、全て文にして、なるべく長く書く。

ウ（　）一つのだんらくには、調べたことやわかったことを一つずつ書く。

8 ほうこく文を読み返すときに気をつけることをまとめました。（　）に合う言葉を、［　］からえらんで書きましょう。一つ5〔15点〕

① 調べたことを（　　）書いているか。

② 調べたことやわかったことと、（　　）を、書き分けているか。

③ 句読《くとう》点のつかい方や、（　　）のかんけいは正しいか。

考えたこと	メモ	全部
主語とじゅつ語	まちがいなく	

2 漢字と送りがなで書きましょう。一つ5〔30点〕

① お皿を［　］《かさねる》。　かばんが［　］《おもい》。

② ［　］《くるしい》道のり。　［　］《にがい》コーヒー。

③ 植《しょく》物を［　］《そだてる》。　心を［　］《はぐくむ》。

ものしりメモ　スーパーマーケットは、英《えい》語で「市場（いちば）」を意味する「マーケット」に「こえる」という意味の「スーパー」を合わせて、「市場をこえる商店」という意味で作られた言葉だよ。

きほんのワーク

わすれられないおくりもの SDGs

教科書 上114～129ページ

答え 11ページ

勉強した日 月 日

もくひょう
- 登場人物の気持ちのへんかをおさえよう。
- 動物たちの心の動きをそうぞうし、題名の意味を考えよう。

おわったらシールをはろう

漢字練習ノート15ページ

新しい漢字

◀練習しましょう。 ひつじゅん 1 2 3 4 5

教科書ページ	漢字	読み	画数	ひつじゅん
114	助	ジョ たすける	7画	丨 冂 日 月 目 助 助
115	向	コウ むこう むかう	6画	ノ 丿 门 向 向 向
116	幸	コウ さいわい しあわせ	8画	一 十 土 去 去 去 幸 幸
116	終	シュウ おえる おわる	11画	く 幺 糸 糸 紀 紀 終 終
117	速	ソク はやい	10画	一 一 一 申 束 凍 速 速
118	者	シャ もの	8画	一 十 土 耂 耂 者 者 者
119	寒	カン さむい	12画	丶 宀 宀 宀 宀 宔 実 寒
128	央	オウ	5画	丨 冂 口 央 央

1 漢字の読み 読みがなをよこに書きましょう。

1 ○助ける　2 ○向こう　3 ○幸せ　4 ◆部屋　5 ○終える

6 ●向かう　7 ○速い　8 ●終わる　9 方●向　10 中○央

○新しく学ぶ漢字
●新しい読み方をおぼえる漢字
◆とくべつな読み方の言葉

2 漢字の書き 漢字を書きましょう。

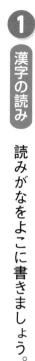

1 ○□《たす》けてあげる。

2 悲しまない ○□《もの》はいない。

4 言葉の意味 ○をつけましょう。

1 115ページ 物をなくしてくよくよする。

ア（ ）いつまでも気にする様子。

イ（ ）悲しくて、なく様子。

ウ（ ）思い出して楽しむ様子。

2 115 友達《ともだち》のことが気がかりだ。

ア（ ）すきだ。

イ（ ）心配《ぱい》だ。

ウ（ ）安心だ。

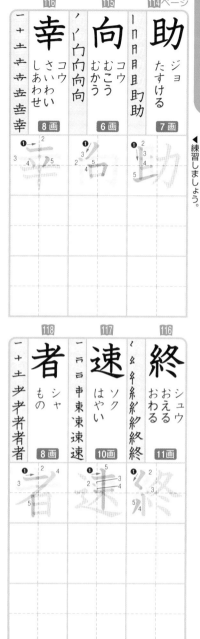

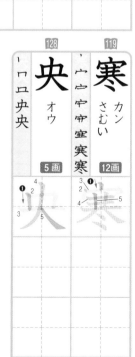

③ □《さむ》い冬。

助

「助」の左がわは、「目」ではないよ。

3 言葉のちしき

● ——の言葉から、だれが、だれのためにしたことか書きましょう。

あなぐまが、森のみんなに、ちえやくふうをのこしてくれた。

だれが（　　　　）

だれのために（　　　　）

ないようをつかもう！

☆わすれられないおくりもの　教科書を読んで、答えましょう。

1 あなぐまが死んでからの動物たちの心のへんかをまとめました。□に合う言葉を［　］からえらんで書きましょう。　教科書114～125ページ

① 森のみんなが□。

→② あなぐまの思い出を語り合った。

→③ あなぐまがのこしてくれたもののゆたかさで、みんなの悲しみが□。

［消えていた　悲しんだ］

2 動物たちがあなぐまに教えてもらったことはなんですか。●——●でむすびましょう。　教科書120～123ページ

もぐら ●　　● スケート。

かえる ●　　● ネクタイのむすび方。

きつね ●　　● しょうがパンのやき方。

うさぎ ●　　● はさみのつかい方。

あなぐまは、生きている間に、たくさんのおくりものをのこしてくれていたんだね。

---

③ 116 だんろがもえる。
ア（　）料《りょう》理で火をつかうときにもやすたきぎ。
イ（　）木などに火をつけるときにつかう道具。
ウ（　）火をたいて部屋をあたためるそうち。

④ 118 やりきれないほど悲しい。
ア（　）がまんできない。
イ（　）えんりょがない。
ウ（　）物事が終わらない。

⑤ 119 とほうにくれる。
ア（　）とてもめんどうくさい。
イ（　）どうしていいかわからない。
ウ（　）少しだけこまる。

⑥ 121 りっぱにすべれる。
ア（　）ゆうかんに。
イ（　）みごとに。
ウ（　）思いっきり。

⑦ 123 村中に知れわたる。
ア（　）大事なことを知られる。
イ（　）全てを知られる。
ウ（　）広く人に知られる。

ものしりメモ　アナグマは、体長50～90センチメートルぐらいの、見た目がタヌキににた動物だよ。昼はねむっていて、夜に活動するんだ。日本には「ニホンアナグマ」がすんでいるよ。

練習のワーク①

わすれられないおくりもの SDGs

教科書 上114〜129ページ
答え 12ページ

できるナビ
●あなぐまのせいかくをとらえ、死に向かうあなぐまの気持ちや様子を正しくつかもう。

勉強した日 月 日

おわったらシールをはろう

次の文章を読んで、問題に答えましょう。

あなぐまは、かしこくて、いつもみんなにたよりにされています。こまっている友達《ともだち》は、だれでも、きっと助けてあげるのです。それに、大変《へん》年をとっていて、知らないことはないというぐらい、もの知りでした。あなぐまは、自分の年だと、死ぬのがそう遠くはないことも、知っていました。

あなぐまは、死ぬことをおそれてはいません。死んで体がなくなっても、心はのこることを知っていたからです。だから、前のように体がいうことをきかなくなっても、くよくよしたりしませんでした。ただ、あとにのこしていく友達のことが気がかりで、自分がいつか長いトンネルの向こうに行ってしまっても、あまり悲しまないようにと、言っていました。

ある日のこと、あなぐまは、もぐらとかえるのかけっこを見に、おかに登りました。その日は、とくに年をとったような気がしました。あと一度だけでも、みんなといっ

1 あなぐまは、みんなからどのように思われていますか。二つに○をつけましょう。

ア（　）かしこくて、もの知り。
イ（　）すなおでむじゃき。
ウ（　）たよりになる。
エ（　）いばっている。

2 「あなぐまは、死ぬことをおそれてはいません。」とありますが、それは、なぜですか。

体がなくなっても、（　　　）ことを知っていたから。

3 「気がかり」とありますが、あなぐまが気がかりなこととは、どんなことですか。

あとにのこしていく友達が（　　　）こと。

4 よく出る● 長いトンネルの向こうに行くということは、どんなことを意味するのですか。

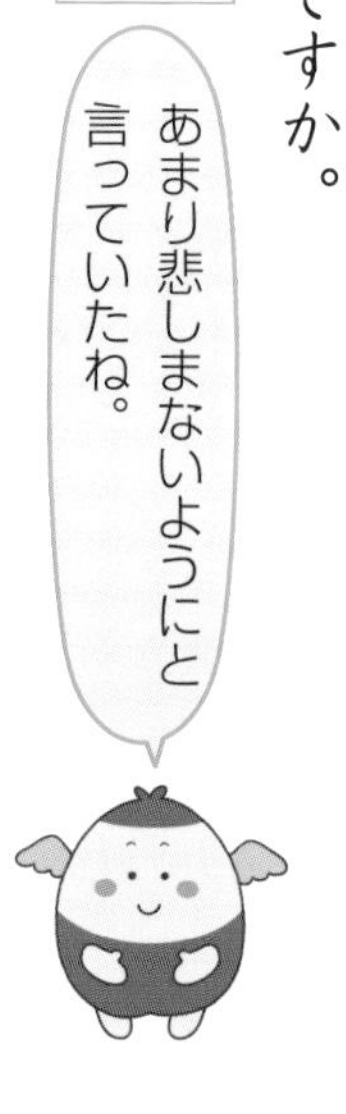

言葉の意味 プラス
1行 たよりにする…力になってくれるとあてにする。
7行 おそれる…こわがる。
9行 いうことをきかない…思いどおりに動かない。
15行 おか…少し高くなっている所。

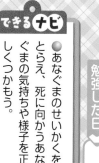

しょに走れたらと思いましたが、あなぐまの足では、もう無理《む》なことです。それでも、友達の楽しそうな様子をながめているうちに、自分も幸せな気持ちになりました。

夜になって、あなぐまは家に帰ってきました。月におやすみを言って、カーテンをしめました。それから、地下の部屋にゆっくり下りていきました。そこでは、だんろがもえています。

夕ごはんを終えて、つくえに向かい、手紙を書きました。ゆりいすをだんろのそばに引きよせて、しずかにゆらしているうちに、あなぐまは、ぐっすりねいってしまいました。そして、ふしぎな、でも、すばらしいゆめを見たのです。

おどろいたことに、あなぐまは走っているのです。目の前には、どこまでもつづく長いトンネル。足はしっかりとして力強く、もう、つえもいりません。体はすばやく動くし、トンネルを行けば行くほど、どんどん速く走れます。とうとう、ふっと地面からうき上がったような気がしました。まるで、体が、なくなってしまったようなのです。あなぐまは、すっかり自由になったと感じました。

〈スーザン＝バーレイ 文／小川《おがわ》 仁央《ひとみ》 やく「わすれられないおくりもの」による〉

5 「とくに年をとったような」とありますが、この時あなぐまはどんなふうに感じたのですか。

ア（　）体が動かなくて、死が遠くないことを強く感じた。
イ（　）もぐらとかえるには、まだ負けないと感じた。
ウ（　）走る速さが前よりおそくなって、ざんねんに感じた。

6 「無理なこと」とありますが、どんなことが無理なのですか。

（　　　　）

7 よく出る 「自分も幸せな気持ちになりました」とありますが、ここからあなぐまのどんなせいかくがわかりますか。

友達の楽しそうな様子を見るだけでも、幸せな気持ちになれるんだね。

ア（　）自分のことを一番に考えている。
イ（　）明るくて、すすんで物事をする。
ウ（　）友達思いで、やさしい。

8 ゆめの中で、あなぐまはどんな様子でしたか。

- 長いトンネルを、力強く［　　　］いた。
- 地面からうき上がったような気がした時、［　］がなくなってしまったようだった。
- すっかり［　　］になったと感じた。

ものしりメモ ゆりいすは、いすのあしの部分を曲がった板《いた》につなげた、前後にゆれるいすのことだよ。1700年代はじめのころからつかわれていたそうだよ。

練習のワーク②

わすれられないおくりもの SDGs

教科書 上114～129ページ　答え 12ページ

できるナビ
●だれが、どこで、何をしたのかを正しく読み取ろう。登場人物の様子にも、ちゅうもくしよう。

勉強した日　月　日

おわったらシールをはろう

※ 次の文章を読んで、問題に答えましょう。

［みんなにたよりにされていたあなぐまが、ある日、死んでしまいました。］

森のみんなは、あなぐまをとてもあいしていましたから、悲しまない者はいませんでした。なかでも、もぐらは、やりきれないほど悲しくなりました。

ベッドの中で、もぐらは、あなぐまのことばかり考えていました。なみだは、あとからあとからほおをつたい、もうふをぐっしょりぬらします。

その夜、雪がふりました。冬がはじまったのです。これからの寒いきせつ、みんなをあたたかく守ってくれる家の上にも、雪はふりつもりました。

雪は、地上をすっかりおおいました。けれども、心の中の悲しみを、おおいかくしてはくれません。

あなぐまは、いつでも、そばにいてくれたのに――みんなは、今どうしていいか、とほうにくれていたのです。

2 よく出る● 「やりきれないほど」とありますが、もぐらはどれほど悲しんだのですか。

ベッドの中で、あなぐまのことばかり考え、（　　　　）が、あとからあとからほおをつたい、もうふを（　　　　）ぬらすほど。

もぐらがひどくないている様子を読み取ろう。

3 「その夜、雪がふりました。」とありますが、雪はどうだったと書かれていますか。一つに○をつけましょう。

ア（　）雪は、みんなを楽しい気持ちにさせた。
イ（　）雪は、すぐにやんでしまって、つもらなかった。
ウ（　）雪は、悲しみを、おおいかくしてはくれなかった。

4 「それは、とてもむずかしいことでした」とありますが、どういうことですか。一つに○をつけましょう。

ア（　）どうしても悲しんでしまうということ。
イ（　）あなぐまのことを思い出せなかったということ。
ウ（　）悲しむことが、むずかしくなってきたということ。

言葉の意味プラス
10行 おおう…上にかぶさる。　17行 行き来…おたがいに、行ったり来たりすること。
19行 切りぬく…一部分を切って、ぬき取る。

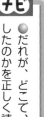

あなぐまは、悲しまないようにと言っていましたが、それは、とてもむずかしいことでした。

春が来て、外に出られるようになると、みんな、たがいに行き来しては、あなぐまの思い出を語り合いました。

もぐらは、はさみをつかうのが上手です。一まいの紙から、手をつないだもぐらが、切りぬけます。切りぬき方は、あなぐまが教えてくれたものでした。はじめのうち、なかなか、紙のもぐらはつながらず、ばらばらになってしまいました。でも、しまいに、しっかりと手をつないだもぐらのくさりが、切りぬけたのです。その時のうれしさは、今でも、わすれられない思い出です。

〈スーザン＝バーレイ 文／小川《おがわ》 仁央《ひとみ》 やく「わすれられないおくりもの」による〉

1 あなぐまが死んで森のみんなが悲しんだのは、みんながあなぐまをどう思っていたからですか。

気持ちを表す言葉にちゅうもくしよう。

（　　　　）から。

悲しまない者はいないほど、あなぐまはみんなにとって大事な仲間《なか》だったんだね。

5 春が来て、みんなの様子は、どのようにかわりましたか。

たがいに行き来して、（　　　　）を語り合うようになった。

6 もぐらの思い出は、あなぐまが何を教えてくれたことですか。

一まいの（　　　　）から、手を（　　　　）もぐらを切りぬくやり方。

7 紙のもぐらのくさりを切りぬけるようになった時、もぐらは、どんな気持ちになったのですか。

（　　　　）

8 よく出る もぐらにとって、あなぐまとの思い出は、どんな思い出なのですか。

□□□□□□□思い出。

教えてくれたあなぐまのこと、うまく紙を切りぬけた時のこと、きっと、ずっとおぼえているよ。

ものしりメモ 紙をたてとよこに1回ずつおりたたんで、二か所のおりめのまん中くらいに手がくるようにもぐらをかいて、切りぬいてごらん。わになって手をつないだ４ひきのもぐらになるよ。

まとめのテスト
わすれられないおくりもの SDGs

教科書 上114〜129ページ
答え 13ページ

時間 20分
とく点 /100点
おわったらシールをはろう
勉強した日 月 日

1 次の文章を読んで、問題に答えましょう。

みんなだれにも、なにかしら、あなぐまの思い出がありました。あなぐまは、一人一人に、わかれたあとでもたからものとなるような、ちえやくふうをのこしてくれたのです。みんなは、それで、たがいに助け合うこともできました。

最《さい》後の雪が消えたころ、あなぐまがのこしてくれたもののゆたかさで、みんなの悲しみも、消えていました。あなぐまの話が出るたびに、だれかがいつも、楽しい思い出を、話すことができるようになったのです。

あるあたたかい春の日に、もぐらは、いつかかえるとかけっこをしたおかに登りました。もぐらは、あなぐまがのこしてくれた、おくりもののお礼が言いたくなりました。

「ありがとう、あなぐまさん。」

もぐらは、なんだか、そばであなぐまが、聞いていてくれるような気がしました。

3 あなぐまの話が出るたびに、みんなは、どうすることができるようになりましたか。一つに○をつけましょう。〔8点〕

ア（　）むかしのことを思って、なくこと。
イ（　）楽しい思い出を、話すこと。
ウ（　）あなぐまの死を、わすれること。

4 もぐらが登ったのは、どのようなおかですか。〔8点〕

（　　）

5 もぐらがおかに登った時、だれに、どうしたくなりましたか。〔8点〕

書いてみよう！

（　　）

チャレンジ！

6 「ありがとう、あなぐまさん。」と言った時、もぐらは、どんなことを思っていたと考えられますか。二つに○をつけましょう。〔一つ8〔16点〕〕

言葉の意味プラス
3行　ちえ…ものごとを正しく考えたり、きちんとはんだんできたりする頭のはたらき。
7行　ゆたかさ…十分にあること。

そうですね——きっとあなぐまに——聞こえたにちがいありませんよね。

〈スーザン＝バーレイ 文／小川《おがわ》仁央《ひとみ》 やく「わすれられないおくりもの」による〉

1 「あなぐまの思い出」について答えましょう。

(1) よく出る● あなぐまは、思い出とともに何をのこしてくれましたか。 一つ4〔8点〕

たからものとなるような、

（　　　　）や（　　　　）。

(2) よく出る● みんなは、それで、どんなことができましたか。 〔8点〕

（　　　　　　　　）こと。

2 「みんなの悲しみも、消えていました」について答えましょう。

(1) みんなの悲しみが消えたのは、いつですか。 〔8点〕

（　　　　　　　　）

(2) みんなの悲しみを消したものは、なんですか。 〔8点〕

あなぐまがのこしてくれたものの（　　　　）。

ア（　）あなぐまさんのことは、二度と思い出さないよ。

イ（　）あなぐまさんのことは、いつまでもわすれないよ。

ウ（　）あなぐまさんが死んだなんて、しんじられない。

エ（　）もどって来て、もっといろいろ教えてもらいたい。

オ（　）これからも、みんなを見守っていてほしい。

7 「聞こえたにちがいありませんよね」とあるが、そう思えるのは、なぜですか。 〔8点〕

もぐらは、

（　　　　　　　　　　　　）

気がしていたから。

2 漢字を書きましょう。 一つ4〔20点〕

❶ トンネルの□《む》こう。

❷ □《しあわ》せな気持ち。

❸ 夕ごはんを□《お》える。

❹ □《はや》く走れる。

❺ □□《ちゅうおう》があまい実。

ものしりメモ もぐらは、土の中にトンネルをほってくらす動物だよ。トンネルの中におちてきたミミズやよう虫を主食としていて、見かけによらず泳ぎもうまいらしいよ。

きほんのワーク

言葉の文化①　俳句《はいく》に親しむ

教科書 上130～135ページ
答え 13ページ

勉強した日　月　日

もくひょう
●俳句のきまりをおぼえよう。
●季語《きご》をおさえ、俳句を味わおう。

漢字練習ノート16ページ

おわったらシールをはろう

新しい漢字

ひつじゅん 1 2 3 4 5
◀練習しましょう。

教科書 131ページ
陽　ヨウ　12画
阝阝阝阳阳阳陽陽

132
氷　ヒョウ　こおり　5画
亅刁刁氷氷

133
有　ユウ　ある　6画
ノナ冇有有有

○新しく学ぶ漢字
●新しい読み方をおぼえる漢字
◆とくべつな読み方の言葉

1 漢字の読み

読みがなをよこに書きましょう。

①太陽　②夏氷　③有名

「かき氷」など、上につく言葉によって、「氷」を「ごおり」と読むよ。

2 漢字の書き

漢字を書きましょう。

① たいよう がしずむ。
② ゆうめい なお寺。

「有」は、ひつじゅんにも気をつけよう。

3

俳句《はいく》は、どのような組み合わせで十七音が作られていますか。一つに○をつけましょう。

ア（　）五・五・七
イ（　）五・七・五
ウ（　）七・五・五

4

俳句について説明《せつ》しました。（　）に合う言葉を［　］からえらんで書きましょう。

（　　　）を感じる心を大切にしているため、それを表す（　　　）、つまり「季語《きご》」を入れて作り、日本人に（　　　）から親しまれてきました。

［ むかし　きせつ　言葉 ］

5 次の俳句を読んで、問題に答えましょう。

あ うつくしきひよりになりぬ雪のうえ　炭《たん》 太祇《たいぎ》

い はねわっててんとう虫のとびいずる　高野《たかの》 素十《すじゅう》

う 雪とけて村いっぱいの子どもかな　小林《こばやし》 一茶《いっさ》

え 名月《めいげつ》や池をめぐりて夜《よ》もすがら　松尾《まつお》 芭蕉《ばしょう》

1 よく出る● それぞれの俳句の季語を（　）に、きせつを□に書きましょう。

あ（　　　　）□

い（　　　　）□

う（　　　　）□

え（　　　　）□

えは、池の水にうつる月の光がとてもきれいで、ひとばんじゅう池のまわりを歩きながらながめている様子を表しているよ。

2 あとうの俳句が表している様子を説明した次の文の（　）に合う言葉を［　］からえらんで書きましょう。

あ 空は晴れたいい天気になり、前日にふった（　　　　）の上に日がさしている様子。

う 寒い冬が終わり、（　　　　）に、（　　　　）がいっせいに外に出てきて、遊んでいる様子。

［ 子どもたち　雪がとけた春　まっ白な雪 ］

3 いとえの俳句を五・七・五に分けると、どこで分けられますか。一つに○をつけましょう。

い
- ア（　）はねわって／てんとう虫／のとびいずる
- イ（　）はねわって／てんとう虫の／とびいずる
- ウ（　）はね／わっててんとう虫の／とびいずる

え
- ア（　）名月や／池をめぐりて夜も／すがら
- イ（　）名月や池を／めぐりて／夜もすがら
- ウ（　）名月や／池をめぐりて／夜もすがら

いの「はねわって」は、てんとう虫がかたい羽を開く様子を表しているよ。

ものしりメモ 小林一茶《こばやしいっさ》は、江戸《えど》時代《だい》の俳《はい》人（俳句《く》をよむ人）だよ。わかいうちに江戸（東京《とうきょう》のむかしのよび名）に出て俳句を学び、のちに全国を旅行して俳句をよんだんだ。

時間 20分
とく点 /100点
おわったらシールをはろう
勉強した日 月 日

❖ 次の俳句《はいく》と文章を読んで、問題に答えましょう。

あ かきくえば鐘《かね》が鳴るなり法隆寺《ほうりゅうじ》　正岡《まさおか》 子規《しき》

かきは奈良《なら》の名物で、法隆寺は奈良の有名なお寺です。作者は、旅行で奈良に来たのです。かきを食べていると、ちょうど法隆寺の鐘の音が聞こえてきました。

い せきの子のなぞなぞあそびきりもなや　中村《なかむら》 汀女《ていじょ》

かぜをひいて、外で遊べないのでしょう。せきをしながらも、子どもはお母さんにあまえて、「なぞなぞあそび」をいつまでもしてもらっています。

チャレンジ (2) 作者は、どのような気持ちでいますか。一つに○をつけましょう。〔10点〕

ア（　）さびしい音が聞こえ、心細くなっている。
イ（　）のどかな風景《けい》を、しみじみと楽しんでいる。
ウ（　）時の流れのはやさに、悲しくなっている。

2 いの俳句について答えましょう。

(1) 「なぞなぞあそび」をしているのは、だれとだれですか。一つ5〔10点〕

（　　　　）と（　　　　）。

(2) いの俳句の季語は「せき」ですが、きせつはいつですか。〔5点〕

□

(3) きりもなくなぞなぞあそびをつづけていることから、子どものどんな様子がわかりますか。〔10点〕

お母さんに（　　　　）いる様子。

3 うの俳句について答えましょう。

言葉の意味プラス
7行 きり…物事の終わりになるところ。切れめ。　13行 一面…あたりいっぱい。
17行 顔を出す…すがたを見せる。

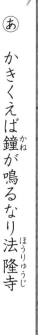

㋒ 菜《な》の花や月は東に日は西に　与謝《よさ》 蕪村《ぶそん》

春の野原には、一面に菜の花がさいています。太陽は、西にしずみかけています。そして、月はもう、東の空に顔を出しています。

㋓ さじなめて童《わらべ》たのしも夏氷　山口《やまぐち》 誓子《せいし》

夏の暑い日に、かき氷を食べる時のうれしさ、楽しさ。子どもはさじ（スプーン）をなめて、えがおでいっぱいです。

〈「俳句《はいく》に親しむ」による〉

1 ⑴ ㋐の俳句について答えましょう。

よく出る● ㋐の俳句の季語《き》を（　）に、きせつを□に書きましょう。　一つ5〔10点〕

（　　　）　□

⑴ ㋒の俳句の季語を（　）に、きせつを□に書きましょう。　一つ5〔10点〕

（　　　）　□

⑵ よく出る● この風景は、一日のうちのいつですか。一つに○をつけましょう。　〔5点〕

ア（　）朝　イ（　）昼　ウ（　）夕方

⑶ どのような風景ですか。一つに○をつけましょう。　〔10点〕

ア（　）うつくしく、広々とした風景。

イ（　）くらく、どんよりとした風景。

ウ（　）動きがあって、にぎやかな風景。

4 ㋓の俳句について答えましょう。

⑴ 「童」とは、なんですか。　〔10点〕

（　　　）

⑵ 「たのしも」とありますが、どんなことが楽しいのですか。　〔10点〕

（　　　）

5 次の説明《せつ》に合うものはどれですか。㋐～㋓の俳句の中から一つえらんで、記号で答えましょう。　〔10点〕

● にたような組み合わせの語句をならべるひょうげんをつかって、まるで絵のようにあざやかなけしきを表している。

（　　　）

ものしりメモ　17音で作る俳句《はいく》は、世界《せかい》でいちばんみじかい定型詩《ていけいし》(形がきまった詩)といわれているよ。300年以上も前に、松尾芭蕉《まつおばしょう》が俳句のもとを作り出したといわれているんだ。

きほんのワーク

言葉の文化②
きせつの言葉を集めよう

教科書 上136～137ページ
答え 14ページ

勉強した日　月　日

もくひょう
●俳句《はいく》でつかわれる、きせつを表す言葉について知ろう。
●季語《きご》をおさえ、俳句を味わおう。

おわったらシールをはろう

漢字練習ノート16ページ

新しい漢字

教科書136ページ

ひつじゅん　1 2 3 4 5
◀練習しましょう。

漢字	読み	画数	教科書
植	ショク、うえる	12画	136
緑	リョク、みどり	14画	137
祭	サイ、まつり	11画	137
湯	トウ、ゆ	12画	137
豆	トウ、ズ、まめ	7画	137
式	シキ	6画	137

1 漢字の読み　読みがなをよこに書きましょう。

①動植物
②新緑
③ひな祭り
④ゆず湯
⑤豆まき
⑥出ぞめ式

○新しく学ぶ漢字
●新しい読み方をおぼえる漢字
◆とくべつな読み方の言葉

2 漢字の書き　漢字を書きましょう。

①□□□《どうしょくぶつ》。
②□□《しんりょく》のきせつ。
③ひな□《まつ》り。
④□《まめ》まき。

3 「歳時記《さい》」について、（　）に合う言葉を［　］からえらんで書きましょう。

「歳時記」とは、（　　）をきせつごとに集めたものです。「歳時記」には、（　　）や気象《しょう》など自然《ぜん》にかかわる言葉や、（　　）や生活にかかわる言葉ものっています。

［　行事　　季語《き》　　動植物　］

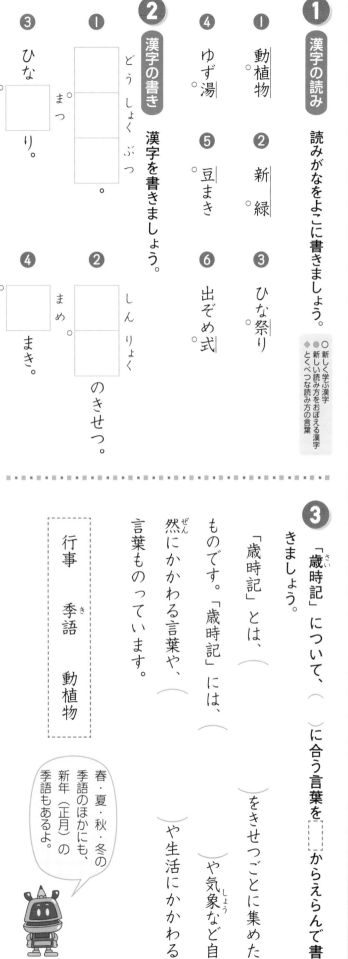

春・夏・秋・冬の季語のほかにも、新年（正月）の季語もあるよ。

4 次の俳句《はいく》を読んで、問題に答えましょう。

あ 古池《ふるいけ》やかわずとびこむ水のおと　松尾《まつお》 芭蕉《ばしょう》

い 日やけ顔見合いてうまし氷水　水原《みずはら》 秋桜子《しゅうおうし》

う 赤とんぼ葉末《ずえ》にすがり前のめり　星野《ほしの》 立子《たつこ》

え スケートのひもむすぶ間《ま》もはやりつつ　山口《やまぐち》 誓子《せいし》

1 よく出る それぞれの俳句の季語を（　）に、きせつを□に書きましょう。

あ（　　　）□

い（　　　）□

う（　　　）□

え（　　　）□

2 あ～えの俳句の説《せつ》明として合うものをあとからえらんで、ア～エの記号で答えましょう。

あ（　　）　い（　　）　う（　　）　え（　　）

ア　今にもとび出していきそうな心の動きを表している。

イ　音をよむことで、まわりのしずけさがきわだっている。

ウ　小さな生き物の生き生きとした様子を表している。

エ　暑い日の、のどかなひとときを表している。

5 次の言葉の中から春・夏・秋・冬・新年の季語をえらんで、ア～オの記号で答えましょう。

ア　あじさい・入道雲・こどもの日・風鈴《りん》

イ　だいこん・手ぶくろ・北風・ゆず湯

ウ　つくし・茶つみ・ひな祭り・花ぐもり

エ　すごろく・七草がゆ・はつゆめ

オ　天《あま》の川・さんま・いねかり

春（　　）　夏（　　）

秋（　　）　冬（　　）

新年（　　）

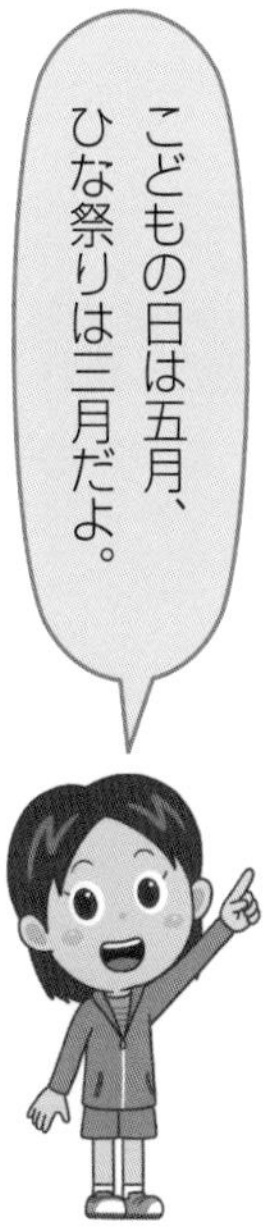

ものしりメモ　松尾芭蕉《まつおばしょう》は、江戸《えど》時代の俳《はい》人（俳句《く》をよむ人）で、東北《とうほく》、北陸《ほくりく》などを旅して書いた紀行《きこう》文「おくのほそ道」が有名だよ。

一 文章を読んで、考えたことをまとめよう

きほんのワーク 世界の人につたわるように くらしと絵文字 SDGs

教科書 下8〜21ページ
答え 15ページ
勉強した日 月 日

もくひょう
- 絵文字の特長《とく》や役わりをおさえよう。
- だんらくとだんらくのつながりに気をつけて、ないようをつかもう。

おわったら シールを はろう

漢字練習ノート17〜18ページ

新しい漢字

教科書ページ　◀練習しましょう。 ひつじゅん 1 2 3 4 5

教科書ページ	漢字	読み	画数
8	世	セイ　セ　よ	5画
8	界	カイ	9画
9	注	チュウ　そそぐ	8画
10	進	シン　すすむ	11画
10	指	シ　ゆび　さす	9画
10	役	ヤク	7画
12	港	コウ　みなと	12画
13	箱	はこ	15画
17	深	シン　ふかめる　ふかい	11画
20	病	ビョウ　やまい	10画
20	院	イン	10画
20	都	ト　ツ　みやこ	11画

1 漢字の読み　読みがなをよこに書きましょう。

① 世界
② 注意
③ 進む
④ 指印《じるし》
⑤ 役立つ
⑥ 空港
⑦ 箱
⑧ 病院
⑨ 京都
⑩ 深い

○新しく学ぶ漢字
●新しい読み方をおぼえる漢字
◆とくべつな読み方の言葉

3 言葉の意味　○をつけましょう。

① 10ページ 道しるべに印《しるし》をほりこむ。
ア（　）かんばんやこうこく。
イ（　）方向やきょりの案《あん》内。
ウ（　）とても小さな地図。

② 漢字の書き

漢字を書きましょう。

① ［　　］《せかい》の人。

② くらしに［　　］《やくだ》つ。

③ 大きな［　　］《くうこう》。

④ 品物を送る［　］《はこ》。

⑤ ［　］《ふか》め合う。

⑥ ［　　］《びょういん》に行く。

ないようをつかもう！

☆ くらしと絵文字

この文章で書かれていることをまとめました。［　］に合う言葉を、［　］からえらんで書きましょう。

教科書 10〜17ページ

つたえたいことを色と形にして、見ただけでわかるようにした記号を絵文字という。

① 絵文字の特《とく》長は、
第一に、見たしゅんかんに、［　　　］がわかること。

② 第二に、相手に親しみや［　　　］を感じさせること。

③ 第三に、その意味が言葉や年れいなどの［　　　］をこえてわかること。

外国の人にも、おさない子どもにもわかるものだね。

［ 意味　ちがい　楽しさ ］

---

② 14 心づかいがつたわってくる。
ア（　）細かいことを気にすること。
イ（　）人をそんけいすること。
ウ（　）相手のために気をくばること。

③ 16 おさない子どもたちにもわかる。
ア（　）せがひくい。
イ（　）年が少ない。
ウ（　）元気がない。

④ 16 外国との交流。
ア（　）たがいに行き来すること。
イ（　）品物を買うこと。
ウ（　）にらみ合うこと。

⑤ 16 じょうほうが行きかう。
ア（　）物事の様子についての知らせ。
イ（　）文字の組み合わせ方。
ウ（　）話したことのないよう。

⑥ 17 共《きょう》通の絵文字のデザイン。
ア（　）かわいいイラスト。
イ（　）目的《てき》や役わり。
ウ（　）形や色の図案。

ものしりメモ 道路《ろ》標識《ひょうしき》など、何かのじょうほうをしめすための絵文字を「ピクトグラム」ともいうよ。こくさいてきにとういつされたものには、ひじょう口サインのほかに車いすサインなどがあるよ。

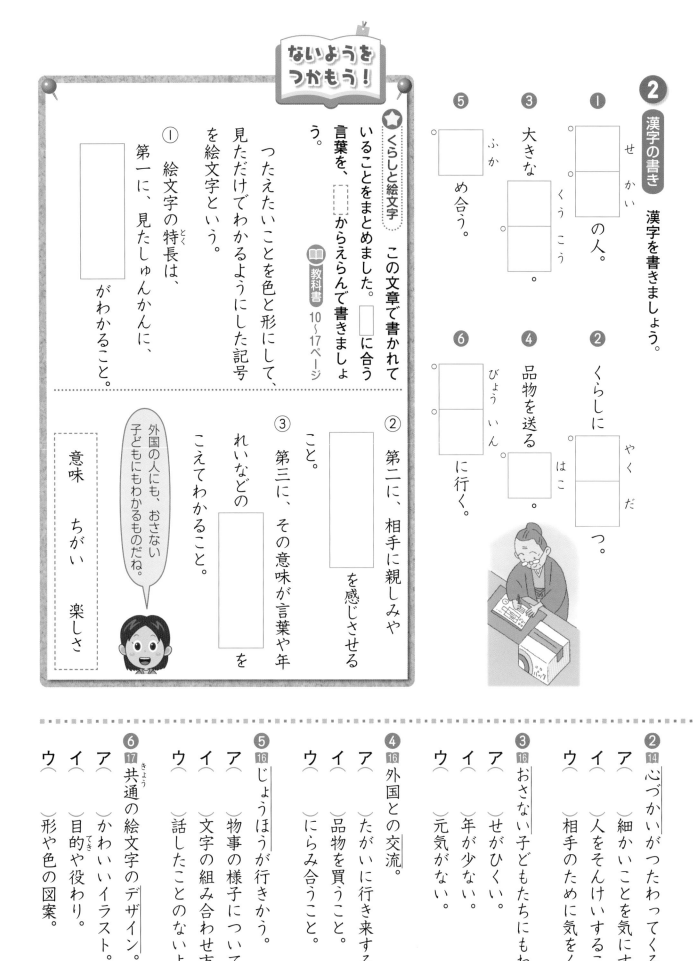

練習のワーク

くらしと絵文字 SDGs

教科書 下8～21ページ　答え 15ページ

できるナビ
●だんらくとだんらくのつながりを考えて読もう。
●絵文字の特長《とく》をとらえよう。

勉強した日　月　日

おわったらシールをはろう

次の文章を読んで、問題に答えましょう。

このように、たくさんの絵文字がつかわれているのは、なぜでしょうか。絵文字の特長《とく》から考えてみましょう。

絵文字の第一の特長は、その絵を見たしゅんかんに、その意味がわかることです。

㋒の絵文字は、テレビなどの天気よほうで、よく見るものです。わたしたちは、これを見たしゅんかんに、それぞれの地方の天気よほうを知ることができます。㋓の絵文字は、こわれやすい品物を送る箱にはってあるものです。「こわれやすい物なので、取りあつかいに注意してください。」という意味がわかりますね。

絵文字の第二の特長は、つたえる相手に親しみや楽しさを感じさせる、ということです。

*㋔の絵文字は、万国博覧会《ばんこくはくらんかい》など、人がどっと集まる場所でつかわれたものです。ないている子どもが「まいご」を表していることは、すぐわかりますね。「お子さんがまいごになったかたや、まいごを見つけたかたは、どう

3 「㋒の絵文字は、……よく見るものです。」ではじまるだんらくは、前のだんらくとどのようにつながっていますか。一つに○をつけましょう。

ア（　）前のだんらくで書いたことのれいをあげている。
イ（　）前のだんらくの反対《はんたい》意見を取り上げている。
ウ（　）前のだんらくとはちがう話題が書かれている。

4 「㋓の絵文字」について答えましょう。

(1) どこにはってあるものですか。

（　　　　　）

(2) どんな意味を表す絵文字ですか。

（　　　　　）物なので、（　　　　　）に注意してください、という意味。

5 よく出る● 絵文字の第二の特長は、つたえる相手に何を感じさせることですか。

（　　　　　）や（　　　　　）。

言葉の意味プラス
2行 特長《とく》…ほかのものより特にすぐれている点。　13行 どっと…おおぜいが一度にする様子。
14行 まいご…親などとはぐれたり、道にまよったりした子ども。

ぞこちらへれんらくしてください。」という、やさしい心づかいがつたわってくるように思われます。
動物の足あとの絵文字をたどっていくと、その動物に会える動物園もできました。道に記された、動物の足あとをたどっていくのです。子どもたちは、たんけんをしているような楽しさを感じることでしょう。*㋕の絵文字は、アメリカのある動物園のものです。

〈太田《おおた》 幸夫《ゆきお》「くらしと絵文字」による〉

*㋒〜㋕の絵文字＝教科書13〜14ページの絵文字。

1 「絵文字の特長から考えて」とありますが、どんなことを考えるのですか。一つに○をつけましょう。

前の文に「……がつかわれているのは、なぜでしょうか」とあるよ。

ア（　）絵文字がどのように作られたのか。
イ（　）絵文字のいろいろなしゅるいについて。
ウ（　）たくさんの絵文字がつかわれているわけ。

2 よく出る● 絵文字の第一の特長は、どんなことですか。

（　　　　）こと。

6 「㋔の絵文字」についてまとめます。（　）に合う言葉を書きましょう。

●人がどっと（　　）場所でつかわれたもの。
●ないている子どもは、「（　　）」を表していて、「お子さんがまいごになったかたや、まいごを見つけたかたは、どうぞこちらへれんらくしてください。」という、（　　）心づかいがつたわってくる。

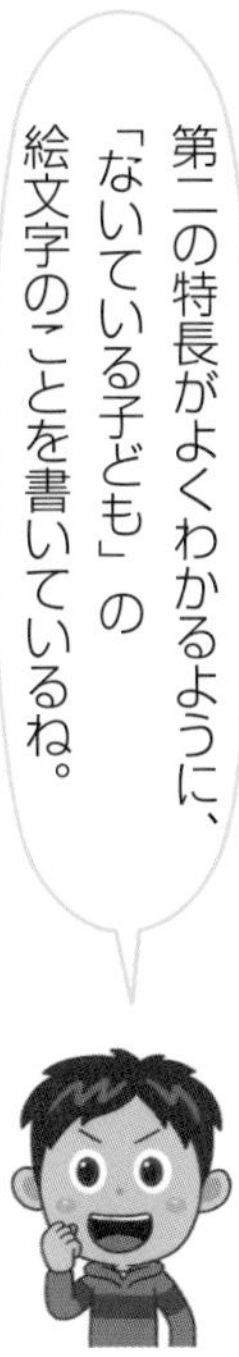
第二の特長がよくわかるように、「ないている子ども」の絵文字のことを書いているね。

7 「動物の足あとの絵文字」の説明《せつ》として合うもの二つに○をつけましょう。

ア（　）道に記された動物の足あとは、本物と同じ大きさでかかれている。
イ（　）道に記された動物の足あとをたどっていくと、その動物に会える。
ウ（　）たんけんをしているような楽しさを感じられる。
エ（　）たんけんの大変《へん》さを体験《けん》することができる。

ものしりメモ 道路《ろ》上で交通整《せい》理を行う色は、緑・黄・赤の３色で、これは世界共《きょう》通だよ。歩行者用信《しん》号は緑と赤の２色で、赤は「進んではいけない」、緑は「進んでもよい」という意味を表すよ。

きほんのワーク

わたしたちの絵文字 SDGs
言葉の広場④　気持ちをつたえる話し方・聞き方

教科書 下22～31ページ
答え 15ページ
勉強した日　月　日

もくひょう
●グループでの話し合いの進め方について知ろう。
●気持ちのこもった話し方を学ぼう。

漢字練習ノート18～19ページ

おわったらシールをはろう

新しい漢字

教科書23ページ
▼練習しましょう。　ひつじゅん 1 2 3 4 5

教科書ページ	漢字	読み	画数	ひつじゅん
23	反	ハン　そる	4画	一 厂 万 反
23	対	タイ	7画	丶 亠 ナ 文 文 対 対
23	整	セイ　ととのえる	16画	一 申 束 束 敕 敕 整 整
25	受	ジュ　うける	8画	一 ㇒ 〻 ⺤ 爫 爫 受 受
27	級	キュウ	9画	く 幺 幺 糸 糸 紛 紛 級
31	横	オウ　よこ	15画	木 木 杆 杆 栐 構 横 横

1 漢字の読み　読みがなを横に書きましょう。

①反対　②整理　③受ける
④学級活動　⑤横

○新しく学ぶ漢字
●新しい読み方をおぼえる漢字
◆とくべつな読み方の言葉

④の「級」は、組み分けたグループのことを意味しているよ。

2 漢字の書き　漢字を書きましょう。

①□□《はんたい》の意見。
②□□《せいり》する。

3 ★わたしたちの絵文字

役わりをきめて話し合うときの、話し合いの進め方についてまとめました。正しい順番《じゅん》になるように、（　）に2～5を書きましょう。

（１）司《し》会が、何を話し合うのかたしかめる。
（　）司会は、意見を整理し、話し合いをまとめる。

（　）記録《ろく》は、話し合いのないようで、大事なことをみじかい言葉にしてノートに書く。

（　）発言者が、自分の意見をわかりやすく話す。

（　）意見について、理由とともに、さんせいか反対かを言う。

4 図工室を表す絵文字を作るために、グループで話し合っています。次の話し合いの一部を読んで、問題に答えましょう。

①**夏川** 次は、どのようなデザインの絵文字にするか、意見を言ってください。

東野 北原さんが言っていたかなづちの音は、だれが聞いてもくぎを打っているとわかる音だから、かなづちを入れたらいいと思います。

木村 わたしも東野さんにさんせいです。何かを作る教室だということがわかります。

②**夏川** 北原さんは、どう思いますか。

北原 何かを作る教室だから、のこぎりもつけたしたいです。この前、のこぎりをつかっている学年がありました。教室ではできないことを、ここでやっているんだなと思いました。

東野 なるほど。図工室ならではのとくちょうが表されている感じがしますね。

③**夏川** では、話を整理します。何かを作る教室というイメージをつたえるため、かなづちとのこぎりをデザインに入れるということですね。

〈「わたしたちの絵文字」による〉

1 よく出る● 「夏川」①〜③の発言は、司会としてどんな役わりをしていますか。[　]からえらんで、**ア**〜**ウ**の記号で答えましょう。

①（　　）　②（　　）　③（　　）

ア 発言していない人に、意見をたずねる。
イ 話し合うことをはっきりさせる。
ウ 出された意見をまとめ、整理する。

2 木村さんの発言のよいところは、どんなところですか。

さいしょに何を言っているかな。

さいしょに、東野さんの意見に（　　　　）であることを言い、理由とともにつたえているところ。

5 ☆ **言葉の広場④ 気持ちをつたえる話し方・聞き方**

気持ちをつたえる話し方・聞き方について、答えましょう。

1 どのような話し方をすれば、気持ちがつたわりますか。

言葉だけではなく、顔の□□□□□□やしせい、声の調子に気をつけて話す。

2 聞き手が話し手に気持ちをつたえるには、どうすればよいですか。一つに○をつけましょう。

ア（　）話し手と目を合わせないように、ノートを取りながら聞く。
イ（　）ひょうじょうやしせいをかえずに、だまって聞く。
ウ（　）話し手の方を向いたり、うなずいたりしながら聞く。

ものしりメモ トランプのマークも、もともとは絵文字だったといえるよ。スペードは剣《けん》を、ダイヤはお金を、ハートはせいなる器《うつわ》を、クラブはこんぼうを表すマークだったんだ。

きほんのワーク

漢字の広場④ へんとつくり

教科書 ㊦32～34ページ

答え 16ページ

もくひょう

●漢字の「へん」や「つくり」について学ぼう。
●どんな「へん」や「つくり」があるかを知ろう。

勉強した日　月　日

おわったらシールをはろう

漢字練習ノート19～20ページ

新しい漢字

教科書ページ

ページ	漢字	読み	画数
32	童	ドウ	12画
32	談	ダン	15画
33	柱	チュウ　はしら	9画
33	業	ギョウ	13画
33	倍	バイ	10画
33	投	トウ　なげる	7画
33	球	キュウ　たま	11画
33	宿	シュク　やど　やどる	11画
33	勉	ベン	10画
33	放	ホウ　はなす　ほうる	8画

◀練習しましょう。　ひつじゅん 1 2 3 4 5

手を放す（はなーす）
石を放る（ほうーる）

1 漢字の読み　読みがなを横に書きましょう。

○新しく学ぶ漢字
●新しい読み方をおぼえる漢字
◆とくべつな読み方の言葉

① 童話　② 対談　③ 柱　④ 電柱
⑤ 休業　⑥ 二倍　⑦ 投球　⑧ 投げる
⑨ 宿題　⑩ 勉強　⑪ 放送　⑫ 手放す

2 漢字の書き　漢字を書きましょう。

① □□《どうわ》を読む。
② ピッチャーの□□《とうきゅう》。
③ □□《しゅくだい》をする。
④ 国語の□□《べんきょう》。

3 二年生の漢字　漢字を書きましょう。

1 □□□□《ずがこうさく》。

2 □《え》をかく。

3 はさみで□《き》る。

4 □《くろ》くぬる。

5 よく□《かんが》える。

6 □□□《ちょうほうけい》。

7 となりの□□《きょうしつ》。

8 □□《じかん》わり。

4 次の部分は、「へん」と「つくり」のどちらですか。

1 漢字を右と左に分けたときの、左側《がわ》の部分。（　　）

2 漢字を右と左に分けたときの、右側の部分。（　　）

5 次の「へん」や「つくり」に合うものはどれですか。下からえらんで・──・でむすびましょう。

1 のぎへん　・　　　・ア　攵（教・数）

2 てへん　・　　　・イ　禾（科・秋）

3 ぼくづくり　・　　　・ウ　扌（投・指）

6 次の「へん」や「つくり」の名前を、（　）に書きましょう。また、□に合う部分を[　]から二つずつえらんで漢字を作り、□に書きましょう。

1 木□（　　）□□

2 言□（　　）□□

3 氵□（　　）□□

4 亻□（　　）□□

5 □頁（　　）□□

6 □力（　　）□□

豆	巷	目
喬	黄	彦
士	吾	周
重	弋	罙

「力」は「つくり」で、もともとは力を入れたうでをえがいた形だよ。

ものしりメモ　「へん」「つくり」などの、漢字を組み立てる部分を「部首」というよ。部首にはほかに「かんむり」「あし」「たれ」などがあるけれど、部首の中でいちばん多いのが「へん」だよ。

まとめのテスト

くらしと絵文字　SDGs
漢字の広場④　へんとつくり

教科書　㊦8～34ページ
答え　16ページ

時間20分

とく点　／100点

おわったらシールをはろう

勉強した日　月　日

1 次の文章を読んで、問題に答えましょう。

絵文字の第三の特長《とく》は、その意味が言葉や年れいなどのちがいをこえてわかる、ということです。

デパートや映《えい》画館などで、㋖のような絵文字を見たことがあるでしょう。この絵文字は、日本全国から集まった三千点をこえるデザインの中から、けむりの中での見え方の実験《けん》などを行って、えらばれたものです。この絵文字は、こくさい会議《ぎ》でも、いちばんよいとされました。「じしんや火事のときは、ここからにげなさい。」ということが、外国の人々にも、おさない子どもたちにもすぐわかります。言葉や年れいなどのちがう人でも、絵文字をつかえば、つたえたいことが同じようにわかるのです。

絵文字の特長をこのように考えてくると、わたしたちのくらしの中で、絵文字がたくさんつかわれている理由がはっきりしてきます。

これからのわたしたちのくらしは、外国との交流をぬきにしてはなり立ちません。おおぜいの人が海外を旅行

(2) よく出る　この絵文字は、どのようなところがひょうかされましたか。　一つ5〔10点〕

（　　　）の人々にも、おさない（　　　）たちにも、意味がすぐにつたわるところ。

2 よく出る　「絵文字の特長をこのように考えてくると」とありますが、絵文字の第三の特長は、どんなことですか。〔15点〕

（　　　　　）

3 「これからのわたしたちのくらし」の中で、絵文字はどうなると考えられますか。一つに○をつけましょう。〔10点〕

ア（　）絵文字はあまり役に立たなくなっていく。
イ（　）絵文字のはたす役わりは大きくなっていく。
ウ（　）絵文字にかわるものが生み出されていく。

チャレンジ!
4 工場などのきけんな場所では、絵文字でどうするようになってきましたか。〔10点〕

言葉の意味プラス
18行　行きかう…行ったり来たりする。　25行　共《きょう》通…どれにもあてはまること。
26行　こくさい協《きょう》力…国と国とが力を合わせること。

したり、日本に来たりします。これまで以《い》上にたくさんの品物やじょうほうも、世界中を行きかいます。絵文字は、さまざまな場面で、大切な役わりをはたすことになります。

最《さい》近では、身のまわりのきかいに、上手で正しいつかい方を、絵文字でわかりやすくしめしているものがふえています。また、工場などのきけんな場所では、絵文字で安全や注意をよびかけるようになってきています。さらに、同じ意味には共《きょう》通の絵文字のデザインをつかおうという、こくさい協《きょう》力の動きも進んでいるのです。

〈太田《おおた》 幸夫《ゆきお》「くらしと絵文字」による〉

㋖ひじょう口の絵文字

1 「㋖のような絵文字」について答えましょう。

(1) この絵文字は、どんなことをつたえようとしていますか。〔10点〕

（　　　　）

5 「こくさい協力の動き」とは、どんな動きですか。〔10点〕

（　　　　）という動き。

6 絵文字の役わりを説明《せつ》したものとして、合うものには○、合わないものには×を書きましょう。一つ5〔15点〕

ア（　）絵文字は目だつので、人々の注意を引きつけて品物を売るときに大きな助けとなる。

イ（　）絵文字は意味がわかりやすいので、くらしをべんりで安全なものにすることにつながる。

ウ（　）絵文字は言葉のちがいがあっても通じるので、世界中の人々がわかり合い、つながり合うのに役立つ。

2 次の「へん」や「つくり」と［　］の部分を組み合わせて漢字を作り、□に書きましょう。一つ5〔20点〕

① ちから □

② にんべん □

③ おおがい □

④ さんずい □

［ 免　永　是　本 ］

ものしりメモ

ひじょう口の絵文字は、多くのこうほの中から日本のものがえらばれたよ。ソ連《れん》（当時の国名）などのデザインとこくさい会議《ぎ》できそい、左右のバランスや動きを考えてきめられたんだ。

きほんのワーク

モチモチの木
読書の広場③「おすすめ図書カード」を作ろう

教科書 下36～59ページ
答え 17ページ

もくひょう
- 豆太《まめた》のせいかくをおさえよう。
- 場面のうつりかわりに気をつけて、豆太の心の動きを読み取ろう。

勉強した日　月　日

おわったらシールをはろう

漢字練習ノート21～22ページ

新しい漢字

ひつじゅん 1 2 3 4 5 ◀練習しましょう。

教科書ページ	漢字	読み	画数
36	両	リョウ	6画
38	追	ツイ　おう	9画
39	落	ラク　おとす　おちる	12画
40	鼻	はな	14画
42	起	キ　おきる　おこす	10画
42	神	シン　ジン　かみ	9画
45	歯	シ　は	12画
46	医	イ	7画
46	坂	さか	7画
46	血	ケツ　ち	6画
51	他	タ　ほか	5画
54	銀	ギン	14画
54	油	ユ　あぶら	8画
59	係	ケイ　かかる　かかり	9画

1 漢字の読み　読みがなを横に書きましょう。

① ○両手
② ○追う
③ ●落ちる
④ ○鼻
⑤ ○神様
⑥ ○歯
⑦ ○医者
⑧ ○坂道
⑨ ○血
⑩ ○他人

○新しく学ぶ漢字
●新しい読み方をおぼえる漢字
◆とくべつな読み方の言葉

3 言葉の意味　○をつけましょう。

(1) 36ページ おくびょうなやつ。
ア（　）はきはきして元気な。
イ（　）のんびりしてやさしい。
ウ（　）びくびくしてこわがりな。

⑪ 起こす
⑫ 銀行員
⑬ 油
⑭ 図書係
⑮ 時計

2 漢字の書き

漢字を書きましょう。

❶ ふり[　　]《お》とす。

❷ 夜に[　　]《お》きる。

❶の送りがなは、「落ちる」「落とす」の二つの読みをおぼえておくと、どこからが送りがなか区別《べつ》しやすいね。

ないようをつかもう！

モチモチの木　教科書を読んで、答えましょう。

1 はじめ、豆太《まめた》はどんなせいかくでしたか。一つに○をつけましょう。　教科書 36ページ

ア（　）たくましい
イ（　）おくびょう
ウ（　）かしこい

豆太は、夜中にトイレに行きたくなると、いつも、じさまを起こしているよ。

2 豆太が勇《ゆう》気を出したのは、どんな時でしたか。[　]に合う言葉を、[　]からえらんで書きましょう。　教科書 44～47ページ

冬の[　　　]に、[　　　]が体を丸めてうなっていたので、[　　　]をよびに行った時。

じさま　真夜中　医者様

---

2 37 とうげのりょうし小屋。
ア（　）山道を登りきったところ。
イ（　）山道の入り口のところ。
ウ（　）山道から外れたところ。

3 38 きもをひやすようなあぶないこと。
ア（　）きんちょうしてふるえる。
イ（　）こわくてぞっとする。
ウ（　）意外でおどろく。

4 39 さいそくする。
ア（　）大声でどなりつけること。
イ（　）早くするよう急《いそ》がせること。
ウ（　）ものがなくなって悲しむこと。

5 42 モチモチの木に灯《ひ》がともる。
ア（　）ねつが高くなる。
イ（　）火がいきおいよくもえる。
ウ（　）あかりがつく。

6 50 まきをくべる。
ア（　）ていねいにならべる。
イ（　）二つにおっておく。
ウ（　）火の中に入れてもやす。

ものしりメモ　作者の斎藤隆介《さいとうりゅうすけ》さんは、1917年生まれの作家だよ。もともとは、ざっしや新聞の記者をしていたんだ。「ベロ出しチョンマ」という有名なお話も書いているよ。

練習のワーク1

モチモチの木

教科書 ㊦36～59ページ
答え 17ページ

できるナビ
豆太《まめた》とじさまの行動や言葉に注目して、二人の気持ちやせいかくを読み取ろう。

勉強した日　月　日

おわったらシールをはろう

次の二つの文章を読んで、問題に答えましょう。

全く、豆太《まめた》ほどおくびょうなやつはない。もう五つにもなったんだから、夜中に一人でせっちんぐらいに行けたっていい。

ところが、豆太は、せっちんは表にあるし、表には大きなモチモチの木がつっ立っていて、空いっぱいのかみの毛をバサバサとふるって、両手を「わあっ！」と上げるからって、夜中には、じさまについてってもらわないと、一人じゃしょうべんもできないのだ。

じさまは、ぐっすりねむっている真夜中に、豆太が、

「じさまあ。」

って、どんなに小さい声で言っても、

「しょんべんか。」

と、すぐ目をさましてくれる。

いっしょにねている一まいしかないふとんを、ぬらされちまうよりいいからなあ。

それに、とうげのりょうし小屋に、自分とたった二人でくらしている豆太がかわいそうで、かわいかったからだろう。

〈斎藤《さいとう》 隆介《りゅうすけ》「モチモチの木」による〉

1 「豆太ほどおくびょうなやつはない」と言っているのは、なぜですか。

夜中に一人で（　　　）にも行けずに、（　　　）についてきてもらうから。

2 「空いっぱいのかみの毛をバサバサとふるって、両手を『わあっ！』と上げる」とありますが、モチモチの木のどんな様子を表していますか。一つに○をつけましょう。

ア（　）親しげな様子。
イ（　）いさましい様子。
ウ（　）おそろしげな様子。

3 よく出る 「すぐ目をさましてくれる」とありますが、なぜ、じさまはすぐ目をさますのですか。

豆太に（　　　）をぬらされるよりはいい、という思いがあったのと、自分と二人ぐらしの豆太のことが、（　　　）から。

言葉の意味プラス
80ページ4行　表…家の外。　6行　ふるう…大きく、いきおいよく動かす。
9行　ぐっすりねむる…深く、しっかりねむる。　81ページ6行　おとう…父。お父さん。

そのモチモチの木に、今夜は灯《ひ》がともるばんなんだそうだ。じさまが言った。

「しもつきの二十日のうしみつにゃあ、モチモチの木に灯がともる。起きてて見てみろ、そりゃあきれいだ。おらも、子どものころに見たことがある。死んだおまえのおとうも見たそうだ。山の神様のお祭りなんだ。それは、一人の子どもしか見ることはできねえ。それも勇《ゆう》気のある子どもだけだ。」

「……それじゃあ、おらは、とってもだめだ……。」

豆太は、ちっちゃい声で、なきそうに言った。だって、じさまも、おとうも見たんなら、自分も見たかったけど、こんな冬の真夜中に、モチモチの木を、それもたった一人で見に出るなんて、とんでもねえ話だ。ぶるぶるだ。

木のえだえだの細かいところにまで、みんな灯がともって、木が明るくぼうっとかがやいて、まるでそれは、ゆめみてえにきれいなんだそうだが、そして豆太は、「昼間だったら、見てえなあ……。」と、そっと思ったんだが、ぶるぶる、夜なんて考えただけでも、おしっこをもらしちまいそうだ……。

〈斎藤《さいとう》 隆介《りゅうすけ》「モチモチの木」による〉

4 「モチモチの木に灯がともる」について答えましょう。

(1) 「モチモチの木に灯がともる」ことを、じさまは、なんとよんでいますか。

(2) 「モチモチの木に灯がともる」のを見ることができるのは、どんな子どもですか。

たった（　）の（　）のある子ども。

5 よく出る● 「それじゃあ、おらは、とってもだめだ」とありますが、豆太がこのように言ったのは、なぜですか。一つに○をつけましょう。

ア（　）冬の真夜中に、モチモチの木を一人で見るなんて、こわくてできないから。

イ（　）冬の真夜中に、じさまとではなく、一人でモチモチの木を見ても、つまらないから。

ウ（　）冬の真夜中に外に出るなんて、寒くてがまんができそうにないから。

6 「見てえなあ」とありますが、豆太は何を見たいのですか。

豆太が見たいのは、「ゆめ」みたいにきれいなものだよ。

モチモチの木に（　）ところ。

ものしりメモ　「しもつき」は、11月の古いよび名だよ。月の古いよび名は、1月から順《じゅん》番に、睦月《むつき》、如月《きさらぎ》、弥生《やよい》、卯月《うづき》、皐月《さつき》、水無月《みなづき》、文月《ふみづき》、葉月《はづき》、長月《ながつき》、神無月《かんなづき》、霜月《しもつき》、師走《しわす》、だよ。

練習のワーク②

モチモチの木

教科書　㊦36～59ページ
答え　17ページ

勉強した日　月　日

できるナビ
●ひっしになっている豆《まめ》太《た》の様子をとらえよう。
●豆太の、じさまへの気持ちを読み取ろう。

おわったらシールをはろう

次の文章を読んで、問題に答えましょう。

豆太《まめた》は、真夜中にひょっと目をさました。頭の上でくまのうなり声が聞こえたからだ。

「じさまあっ！」

むちゅうでじさまにしがみつこうとしたが、じさまはいない。

「ま、豆太、しんぺえすんな。じさまは、じさまは、ちょっと、はらがいてえだけだ。」

まくらもとで、くまみたいに体を丸めてうなっていたのは、じさまだった。

「じさまっ！」

こわくて、びっくらして、豆太はじさまにとびついた。けれども、じさまは、ころりとたたみに転げると、歯を食いしばって、ますますすごくうなるだけだ。

「医者様を、よばなくっちゃ！」

豆太は、子犬みたいに体を丸めて、表戸を体でふっとばして走りだした。ねまきのまんま。はだしで。半道《はんみち》もあ

1 豆太が真夜中に目をさましたのは、何が聞こえたと思ったからですか。

（　　　　）

2 「こわくて、びっくらして」とありますが、豆太はだれがどうしていたところを見て、びっくりしたのですか。

（　　　　）が、まくらもとで、（　　　　）みたいに体を丸めて（　　　　）いたところ。

3 じさまが歯を食いしばっていたのは、なぜですか。

じさまは、どんなことをがまんしていたのかな？

（　　　　）

4 よく出る　「ねまきのまんま。はだしで。」から、豆太のどんな様子がわかりますか。一つに○をつけましょう。

ア（　）じさまの様子におどろいて、こわがっている。
イ（　）ねぼけていて、着がえるのもわすれている。
ウ（　）じさまのことがしんぱいで、とてもあわてている。

言葉の意味プラス
8行　うなる…ひくい声を出す。
12行　歯を食いしばる…歯を強くかみ合わせてがまんする。
27行　おぶう…おんぶする。

るふもとの村まで……。

外はすごい星で、月も出ていた。とうげの下りの坂道は、一面の真っ白いしもで、雪みたいだった。しもが足にかみついた。足からは血が出た。豆太はなきなき走った。いたくて、寒くて、こわかったからなあ。

でも、大すきなじさまの死んじまうほうが、もっとこわかったから、なきなきふもとの医者様へ走った。

これも年よりじさまの医者様は、豆太からわけを聞くと、

「おう、おう……。」

と言って、ねんねこばんてんに薬箱と豆太をおぶうと、真夜中のとうげ道を、えっちら、おっちら、じさまの小屋へ登ってきた。

〈斎藤《さいとう》 隆介《りゅうすけ》「モチモチの木」による〉

5 「とうげの下りの坂道」の様子は、どうでしたか。

（　　　　）

6 「いたくて、寒くて、こわかった」について答えましょう。

(1) なぜ、いたくて寒かったのですか。

つめたいしもが足に（　　　　）ようにささって、足からは（　　　　）が出ていたから。

(2) よく出る それでも豆太がふもとの村まで走ったのは、なぜですか。

（　　　　）から。

7 「豆太からわけを聞くと」とありますが、豆太はどんなふうに「わけ」を話したと思いますか。考えて書きましょう。

書いてみよう！

「医者様、たいへんだ。

（　　　　）」

わけを話すのだから、「だれ」が「どうした」ときちんとつたえなきゃね。

ものしりメモ　「しも」は、地表面の温度が０度以《い》下のときに、空気中の水分が地面で はりやうろこのようにこおってできるものだよ。

練習のワーク③

モチモチの木

教科書　㊦36〜59ページ
答え　17ページ

勉強した日　月　日

できるナビ
●豆太《まめた》が見た「ふしぎなもの」とは何かをとらえよう。
●じさまが豆太につたえたかったことを読み取ろう。

おわったらシールをはろう

次の文章を読んで、問題に答えましょう。

豆太《まめた》は小屋へ入る時、もう一つふしぎなものを見た。

「モチモチの木に、灯《ひ》がついている！」

けれど、医者様は、

「あ？　ほんとだ。まるで灯がついたようだ。だども、あれは、トチの木の後ろに、ちょうど月が出てきて、えだの間に星が光ってるんだ。そこに雪がふってるから、あかりがついたように見えるんだべ。」

と言って、小屋の中へ入ってしまった。だから、豆太は、そのあとは知らない。医者様の手つだいをして、かまどにまきをくべたり、湯をわかしたりなんだり、いそがしかったからな。

1　「ふしぎなもの」について答えましょう。

(1) よく出る● 豆太が見た「ふしぎなもの」は、何がどうなっているように見えましたか。

（　　　　）に、（　　　　）がついているように見えた。

(2) 「ふしぎなもの」を見て、医者様はどうしましたか。一つに○をつけましょう。

医者様の言った言葉に注目しよう。

ア（　）豆太と同じように、ふしぎがった。
イ（　）神様を見たと思い、ありがたがった。
ウ（　）月や星や雪のせいだと、説《せつ》明した。

2　豆太は、医者様を手つだって、どうしましたか。

（　　　　　　　　）

豆太の会話文のあとの「けれど」もヒントになるよ。

言葉の意味プラス
13行　かまど…なべなどをおき、下に火をつけてものをにるところ。
14行　わかす…水などをあつくする。

5

でも、次の朝、はらいたがなおって、元気になったじさまは、医者様の帰ったあとで、こう言った。

「おまえは、山の神様の祭りを見たんだ。モチモチの木には、灯がついたんだ。おまえは一人で夜道を医者様よびに行けるほど勇《ゆう》気のある子どもだったんだからな。自分で自分を弱虫だなんて思うな。人間、やさしささえあれば、やらなきゃならねえことは、きっとやるもんだ。それを見て他人がびっくらするわけよ。ハハハ。」

――それでも、豆太は、じさまが元気になると、そのばんから、

「じさまあ。」

と、しょんべんにじさまを起こしたとさ。

〈斎藤《さいとう》 隆介《りゅうすけ》「モチモチの木」による〉

3 よく出る● 「おまえは、山の神様の祭りを見たんだ。」とありますが、じさまは、豆太が山の神様の祭りを見たのは、どんな子どもだからだと言いましたか。

祭りを見た日、豆太は何ができたかな。

（　　　　　　　　）子ども。

4 じさまが豆太に言ったことを、まとめましょう。

❶ 自分で自分を□□だなどと思うな。

❷ 人間は、□□□□さえあれば、やらなければならないことは、きっと□□ものだ。

❸ それを見て□□がびっくりするわけだ。

5 じさまが元気になったあと、豆太はどうなりましたか。一つに○をつけましょう。

ア（　）一人でしょんべんに行けるようになった。

イ（　）やはりしょんべんの時は、じさまを起こした。

ウ（　）夜中にしょんべんに起きることはなくなった。

ものしりメモ
「モチモチの木」は、トチの木だよ。トチの実をつかって作ったもちを「とちもち」というよ。「とちもち」は、ほろ苦い味がしておいしいけれど、作るのに手間と時間がかかるんだ。

きほんのワーク

言葉の広場⑤ こそあど言葉
はっとしたことを詩に

教科書 ㊦60～63ページ
答え 18ページ

もくひょう
●こそあど言葉が、何を指ししめす言葉かとらえよう。
●こそあど言葉の、つかい方を学ぼう。

勉強した日　月　日

おわったらシールをはろう

漢字練習ノート23ページ

新しい漢字

教科書61ページ

61 農 ノウ 13画
61 湖 コ みずうみ 12画
61 美 ビ うつくしい 9画
62 詩 シ 13画

ひつじゅん 1 2 3 4 5
◀練習しましょう。

1 漢字の読み　読みがなを横に書きましょう。

① 農家
② 湖
③ 美しい
④ 詩

○新しく学ぶ漢字
●新しい読み方をおぼえる漢字
◆とくべつな読み方の言葉

「美しい」は「しい」が送りがなだということもおぼえておこう。

2 漢字の書き　漢字を書きましょう。

① □□《のうか》の人。
② □《みずうみ》が見える。
③ □《うつく》しいもの。
④ □《し》を書く。

3 言葉の広場⑤ こそあど言葉　次の問題に答えましょう。

1 表の①～⑧に合うこそあど言葉を書きましょう。

	こ	そ	あ	ど
物事	①	その	あの	どの
	これ	②	③	どれ
場所	ここ	そこ	あそこ	④
方向	⑤	そちら	あちら	どちら
	こっち	そっち	あっち	どっち
様子	こんな	⑥	あんな	⑦
	こう	そう	⑧	どう

2 こそあど言葉の「こ」「そ」「あ」「ど」の説《せつ》明に合うものを下からえらんで、•——•でむすびましょう。

① こ •

② そ •

③ あ •

④ ど •

• ア 話し手・聞き手のどちらからも遠いものを指ししめす。

• イ 聞き手に近いものを指ししめす。

• ウ 話し手に近いものを指ししめす。

• エ はっきりしないものを指ししめす。

3 （　）に合う言葉を、□からえらんで書きましょう。

① ビルの向こうに山が見えます。（　　）山は、なんという名前ですか。

② 右と左の（　　）に行けばいいのですか。

③ 君《きみ》のかぶっているぼうしはかっこいいね。ぼくも（　　）ぼうしがほしいな。

④ わたしの前の（　　）にいすを持ってきてください。

あんな　そんな　どちら　ここ　あの

4 次の①～④の絵に合うように、あとの①～④の（　）に合うこそあど言葉を□からえらんで、書きましょう。

①

②

③

④

① （　　）本はぼくのです。

② （　　）はわたしのパンです。

③ （　　）ところに鳥がいる。

④ （　　）があなたの消しゴムですか。

どれ　あんな　その　これ

指ししめすものが、近くにあるか遠くにあるかを、考えてみよう。

ものしりメモ こそあど言葉は、物事や場所を指ししめす言葉だね。「わたし」「あなた」「かれ」「かのじょ」などは、人を指ししめす言葉だよ。

まとめのテスト　モチモチの木　言葉の広場⑤　こそあど言葉

教科書　㊦36〜63ページ
答え　18ページ
時間　20分
とく点　/100点
おわったらシールをはろう
勉強した日　月　日

1 次の文章を読んで、問題に答えましょう。

豆太《まめた》は、真夜中にひょっと目をさました。頭の上でくまのうなり声が聞こえたからだ。

「じさまあっ！」

むちゅうでじさまにしがみつこうとしたが、じさまはいない。

「ま、豆太、しんぺえすんな。」

じさまは、じさまは、ちょっと、はらがいてえだけだ。」

まくらもとで、くまみたいに体を丸めてうなっていたのは、じさまだった。

「じさまっ！」

こわくて、びっくらして、豆太はじさまにとびついた。けれども、じさまは、ころりとたたみに転げると、歯を食いしばっ

---

2 よく出る　「体を丸めてうなっていた」じさまに気づいた時、豆太はどんな気持ちでしたか。〔10点〕

（　　　　　　　　）気持ち。

3 豆太が表に出た時のことについて答えましょう。

(1) よく出る　豆太が表に出たのは、なんのためですか。〔10点〕

（　　　　　　　　）

(2) 豆太は、どんな様子で走りだしましたか。一つ5〔15点〕

表戸を体で［　　　　　　］、［　　　］のまんま、［　　　］で走りだした。

4 「しもが足にかみついた。」とありますが、どんな様子を表していますか。一つに○をつけましょう。〔10点〕

ア（　）つめたいしもがはだしの足にささる様子。

イ（　）やわらかいしもがさくさくと足に当たる様子。

ウ（　）つめたいしもがあたたかい足でとける様子。

言葉の意味プラス

4行　しがみつく…強くだきつく。　9行　まくらもと…ねている人のまくらのそば。

19行　表戸…家の表側《がわ》にある戸。　21行　ふもと…山の下の方。

て、ますますごくうなるだけだ。

「医者様を、よばなくっちゃ！」

豆太は、子犬みたいに体を丸めて、表戸を体でふっとばして走りだした。ねまきのまんま。はだしで。半道《はんみち》もあるふもとの村まで……。

外はすごい星で、月も出ていた。とうげの下りの坂道は、一面の真っ白いしもで、雪みたいだった。しもが足にかみついた。足からは血が出た。豆太はなきなき走った。いたくて、寒くて、こわかったからなあ。

でも、大すきなじさまの死んじまうほうが、もっとこわかったから、なきなきふもとの医者様へ走った。

〈斎藤《さいとう》 隆介《りゅうすけ》「モチモチの木」による〉

1 「ま、豆太、しんぺえすんな。じさまは、じさまは、ちょっと、はらがいてえだけだ。」とありますが、この時、じさまはどんな気持ちでしたか。一つに○をつけましょう。〔10点〕

ア（　）豆太はおくびょうだから、本当のことは言わないでおこう。

イ（　）とても苦しいが、おさない豆太にしんぱいをかけるわけにはいかない。

ウ（　）いたくてたまらないから、豆太に話しかけてほしくない。

5 「こわかった」、「もっとこわかった」について答えましょう。

(1) 「こわかった」のは、どんなことですか。一つに○をつけましょう。〔10点〕

ア（　）一面に真っ白いしもがあること。

イ（　）大すきなじさまが死んでしまうこと。

ウ（　）真夜中の暗いとうげ道を一人で行くこと。

(2) 「もっとこわかった」のは、どんなことですか。〔10点〕

（　　　　）

チャレンジ！ 書いてみよう！

6 とうげの坂道を医者様のところへ走っていく間、豆太はどう思っていましたか。〔15点〕

（　　　　）

2 次の——線が指ししめしている言葉を書きましょう。〔10点〕

やくそくを守ること。むずかしいですが、それはとても大切なことです。

（　　　　）

ものしりメモ

「しもが足にかみついた。」というひょうげんは、しもを人間に見立てた書き方だね。教科書40ページの「木がおこって」というひょうげんも、木を人間に見立てた書き方だよ。

きほんのワーク

言葉の文化③ ことわざ・慣《かん》用句《く》

教科書 下64～69ページ

答え 19ページ

もくひょう

- ことわざと慣用句にふれて、意味を知ろう。
- ことわざと慣用句の意味をとらえて、つかいこなそう。

勉強した日　月　日

おわったらシールをはろう

漢字練習ノート23ページ

新しい漢字

教科書 65ページ

漢字	読み	画数	教科書ページ
短	タン・みじかい	12画	65
昔	むかし	8画	65
筆	ヒツ・ふで	12画	65
急	キュウ・いそぐ	9画	66
根	コン・ね	10画	67

◀練習しましょう。

1 漢字の読み　読みがなを横に書きましょう。

○新しく学ぶ漢字
●新しい読み方をおぼえる漢字
◆とくべつな読み方の言葉

① 短い
② 昔
③ 細い筆
④ 急ぐ
⑤ 根がはる

2 漢字の書き　漢字を書きましょう。

① □《みじか》い言葉。
② □《むかし》からの教え。
③ □《ふで》で書く。
④ 道を□《いそ》ぐ。

3 次のことわざの□に合う漢字を書きましょう。

① ちりもつもれば□となる
意味　わずかなものでも、つみ重なると大きくなる。

② □とすっぽん
意味　形はにていても、全くちがうこと。

③ □よりだんご
意味　美しいものより役に立つもののほうがよいこと。

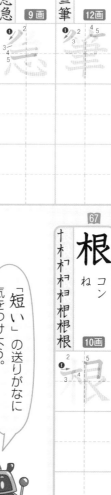

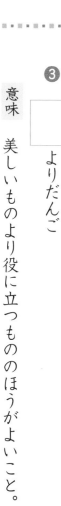

4
次のことわざの意味を［　］からえらんで、ア～オの記号で答えましょう。

① 善《ぜん》は急げ（　　）
② あぶはち取らず（　　）
③ 石の上にも三年（　　）
④ 時は金なり（　　）
⑤ 二階《かい》から目薬（　　）

ア　じっとしんぼうすれば、よいけっかがえられる。
イ　よいことは、なやむよりすぐに行うほうがよい。
ウ　時間は大切なものだから、むだにしてはいけない。
エ　両方手に入れようとして、かえってどちらも失《うしな》う。
オ　なかなか思うようにいかなくて、じれったい。

5
次は、慣《かん》用句《く》についての説《せつ》明です。（　）に合う言葉を、［　］からえらんで書きましょう。

慣用句は、（　　　）の言葉が合わさって、それぞれの（　　　）の言葉の意味とはちがう、（　　　）意味を表す言葉。

きまった　二つ以上《い》　もと

6
次の慣用句の意味に合うものを下からえらんで、•――•でむすびましょう。

① ほねがおれる　•　　•　ア　期《き》待でわくわくする。
② むねがおどる　•　　•　イ　力のある人の意見で物事がきまる。
③ つるのひと声　•　　•　ウ　じゃまをする。
④ 水をさす　•　　•　エ　苦労《ろう》する。

ほねが本当におれるわけではないよ！

7
次の「目」という言葉をつかった慣用句は、どんな意味ですか。［　］からえらんで、ア～エの記号で答えましょう。

① 目につく（　　）
② 目を光らせる（　　）
③ 目がない（　　）
④ 目を丸くする（　　）

ア　びっくりする。
イ　きびしく見はる。
ウ　目だつ。
エ　とてもすきだ。

ものしりメモ　「絵にかいたもち」（役に立たないもの）という慣《かん》用句《く》があるけど、英《えい》語にも同じ意味で、「空中のパイ」という言葉があるよ。

まとめのテスト

言葉の文化③ ことわざ・慣用句《かんようく》

教科書 下64～69ページ
答え 19ページ

時間 20分

とく点 /100点

おわったらシールをはろう

勉強した日 月 日

1

次のことわざは、どんな意味ですか。[ ]からえらんで、ア～エの記号で答えましょう。 一つ5〔20点〕

① 立つ鳥あとをにごさず （　　）

② 早起きは三文《もん》のとく （　　）

③ かわいい子には旅をさせよ （　　）

④ 良《りょう》薬は口に苦し （　　）

ア 早起きをすると、何かいいことがあるものだ。

イ 立ちさるときは、あとが見苦しくないようにしておくべきだ。

ウ 人のちゅうこくは聞きづらいものだが、自分のためになる。

エ かわいい子どもは、世の中に出して苦労《ろう》させたほうがよい。

2

次のことわざとにた意味のことわざを下からえらんで、・――・でむすびましょう。 一つ5〔20点〕

① ねこにこばん ・		・ア のれんにうでおし
② かっぱの川流れ ・		・イ せいては事《こと》を仕損《しそん》じる
③ ぬかにくぎ ・		・ウ さるも木から落ちる
④ 急がば回れ ・		・エ ぶたにしんじゅ

3

次のことわざが、（　）の意味になるように、□に漢数字を書きましょう。 一つ6〔12点〕

① □転び八起き
（何度しっぱいしても、くじけずがんばることのたとえ。）

② □聞は一見にしかず
（何度も話を聞くよりも、じっさいに見たほうが、よくわかるということ。）

チャレンジ!

4 次の慣《かん》用句《く》カードの□に共《きょう》通して入る漢字を、[ ]から一つえらんで、一つめの□に書きましょう。〔8点〕

慣用句カード

□を売る

【意　味】むだ話をして仕事をなまけること。

【つかい方】そんなところで□を売っていないで、そうじをてつだって。

【感　想】はじめは、□に関《かん》係する言葉かと思っていました。この言葉は、これからの生活にもつかえそうな気がしました。

[肉　魚　油　花]

5 次の慣用句は、どのようにつかいますか。正しいほうに○をつけましょう。一つ5〔10点〕

① うり二つ

ア（　）わたしは姉とうり二つだ。

イ（　）ぼくと友達《ともだち》はうり二つになかがよい。

② 水に流す

ア（　）昔の話を水に流して、なつかしくふり返る。

イ（　）昔のことは水に流して、これからがんばろう。

6 次の慣用句の□に共通して入る、体の一部を表す漢字を[ ]からえらんで、書きましょう。一つ5〔10点〕

① □
- がいたい（わるい点を言われて聞きづらい。）
- が早い（物事を早く聞きつける。）
- にたこができる（聞きあきる。）

② □
- を打つ（ひつような方法《ほう》を取る。）
- をかす（てつだう。）
- がかかる（世話がやける。）

[手　頭　耳　足]

7 次の言葉が、（　）の意味の慣用句になるように、□に漢字一字を書きましょう。一つ5〔20点〕

① □が高い（ほこらしく思う。）

② □が立たない（かなわない。）

③ □が広い（知り合いが多い。）

④ □をかかえる（どうしていいかわからずこまる。）

ものしりメモ　正反対の意味のことわざに、「下手《へた》の横好《ず》き」（下手なくせに、いっしょうけんめいなこと）と、「好きこそものの上手《じょうず》なれ」（好きになればなんでもじょうたつする）があるよ。

きほんのワーク
夕日がせなかをおしてくる
いちばんぼし

教科書　下70～73ページ

答え　20ページ

もくひょう
●詩にえがかれた場面や様子を思いうかべよう。
●たとえを表す言葉に注目して、そのはたらきを考えよう。

勉強した日　月　日

おわったらシールをはろう

次の二つの詩を読んで、問題に答えましょう。

夕日がせなかをおしてくる

阪田《さかた》寛夫《ひろお》

夕日がせなかをおしてくる
まっかなうででおしてくる
歩くぼくらのうしろから
でっかい声でよびかける
さよなら　さよなら
さよなら　きみたち
ばんごはんがまってるぞ
あしたの朝ねすごすな

夕日がせなかをおしてくる
そんなにおすなあわてるな
ぐるりふりむき太陽に
ぼくらも負けずどなるんだ

☆ 夕日がせなかをおしてくる

1 夕日は、せなかをどんなうででおしてきますか。

（　　　　）うで。

2 よく出る 「夕日がせなかをおしてくる」とは、どんな様子を表したものですか。一つに○をつけましょう。

ア（　）夕日が山の後ろにかくれて、だんだん暗くなってくる様子。

イ（　）大きな夕日が、「ぼくら」のせなかの方でまっかにかがやいている様子。

ウ（　）夕日がしずんでいきながら、どんどん小さくなっていく様子。

本当に「せなかをおす」わけではないんだね。

3 「そんなにおすなあわてるな」と言っているのは、「夕日」と「ぼくら」のどちらですか。

（　　　　）

おされているのはだれかな。

言葉の意味プラス　94ページ8行　ねすごす…起きる時間になっても、ねている。

さよなら　さよなら
さよなら　太陽
ばんごはんがまってるぞ
あしたの朝ねすごすな

いちばんぼし

いちばんぼしが　でた
うちゅうの
目のようだ

ああ
うちゅうが
ぼくを　みている

まど・みちお

---

4 「ばんごはんがまってるぞ／あしたの朝ねすごすな」について説明《せつ》したものはどれですか。一つに○をつけましょう。

ア（　）美しい言葉をつかって、ゆめのような風景《けい》がえがき出されている。

イ（　）ていねいな言い方から、詩にこめたねがいがつたわってくる。

ウ（　）一つめと二つめのまとまりで、ちがう立場で同じ言葉がくり返され、いんしょうが強まっている。

いちばんぼし

5 「うちゅうの／目のようだ」とありますが、何を「目」のように感じているのですか。

（　　　　　　）

6 よく出る 「ああ／うちゅうが／ぼくを　みている」について説明したものはどれですか。一つに○をつけましょう。

ア（　）自分がいちばんぼしになって、うちゅうから地球を見ている楽しい気持ちがつたわってくる。

イ（　）いちばんぼしに見つめられ、その目に追いかけられているようなおそろしさがつたわってくる。

ウ（　）自分がうちゅうと向き合っていると感じた時のふしぎな気分や感動がつたわってくる。

ものしりメモ　阪田寛夫《さかたひろお》さんは、「サッちゃん」など、どうようの歌詞《し》も書いている詩人だよ。小説《せつ》も書いていて、「芥川賞《あくたがわしょう》」という大きな賞をもらっているんだ。

きほんのワーク ちいきの行事

教科書 下74～79ページ

答え 20ページ

勉強した日 月 日

もくひょう

●しりょうを使った、発表の仕方について学ぼう。
●発表するときの話し方と聞き方をつかもう。

おわったらシールをはろう

漢字練習ノート24ページ

新しい漢字

教科書74ページ

決 ケツ きめる 7画
筆順：決 決 決 決 決 決 決

75

使 シ つかう 8画
筆順：使 使 使 使 使 使 使 使

76

委 イ ゆだねる 8画
筆順：委 委 委 委 委 委 委 委

78

始 シ はじめる 8画
筆順：始 始 始 始 始 始 始 始

筆順《じゅん》 1 2 3 4 5 練習しましょう。

1 漢字の読み

読みがなを横に書きましょう。

① ○決める　② ◆七夕　③ ○使う
④ ○委員会　⑤ ○始める　⑥ ◆今年

○新しく学ぶ漢字
●新しい読み方をおぼえる漢字
◆とくべつな読み方の言葉

2 漢字の書き

漢字を書きましょう。

① 調べることを○［　］《き》める。
② しりょうを○［　］《つか》う。
③ 発表を○［　］《はじ》める。

送りがなもいっしょにおぼえよう。

3

しりょうを使って発表するときに大事なことをまとめました。合うほうに○をつけましょう。

① 話すとき
{ア（　）台本 / イ（　）しりょう} を使って {ウ（　）細かく / エ（　）わかりやすく} 話す。

② 聞くとき
{ア（　）すきなところ / イ（　）大事なところ} を {ウ（　）メモを取りながら / エ（　）きちんとおぼえて} 聞く。

話し手は、ないようが聞き手にきちんとつたわるように、くふうして発表するんだね。

4 中西さんたちは、調べたことをりょうを使って発表しています。次の発表の一部を読んで、問題に答えましょう。

中西　これから三ぱんの発表を始めます。わたしたちのはんは、「空《から》っ風たこあげ大会」について調べました。たこあげ大会の名前には、他のちいきにはない、このちいきの自然《ぜん》への親しみがこめられています。

①
　まず、実行委員会のかたへのオンラインインタビューを見てください。
（実行委員会のかたへのオンラインインタビューを流す。）

夏川　たこあげ大会には、どのくらいのれきしがあると思いますか。

②
　今年で、三十一回めをむかえるということです。
　それでは、このちいきならではの、たこあげ大会のないようをしょうかいしたいと思います。……

〈「ちいきの行事」による〉

1 よく出る● 三ぱんは、何について調べましたか。

中西さんが、はじめにはっきりつたえているね。

（　　　　　　　　）について。

2 よく出る● ①・②のところを話すときに、見せるとよいしりょうはどれですか。[　]からえらんで、ア～ウの記号で答えましょう。

①（　　）　②（　　）

ア　インタビューの写真
イ　たこの作り方の図
ウ　たこあげ大会のちらし

5 インタビューをするときに大事なことをまとめました。（　）に合う言葉を、[　]からえらんで書きましょう。

- しつもんすることは、（　　　　）に書いておく。
- 話を聞いて、（　　　　）ことはしつもんする。
- ちょくせつ会ってするときは、タブレットたんまつを用意する。（録《ろく》音するときや写真をとるときは、きょかをもらうようにする。）
- オンラインでするときは、オンラインのやり方、録画や録音の（　　　　）を練習しておく。（録音や録画をするときは、きょかをもらうようにする。）

そうさ　　メモ　　わからない

ものしりメモ　日本語には、「空《から》っ風」のほかにも風のしゅるいがいろいろあるよ。たとえば「そよ風」は、そよそよとやさしくふく風で、「つむじ風」は、うずをまいて強くふく風だよ。

きほんのワーク

言葉の広場⑥　文の組み立て

教科書　下 80～81ページ

答え　21ページ

勉強した日　月　日

もくひょう
●文がどのように組み立てられているかを学ぼう。
●主語・じゅつ語・しゅうしょく語について知ろう。

おわったらシールをはろう

漢字練習ノート24ページ

新しい漢字

教科書 81ページ

筆順《じゅん》 1 2 3 4 5

◀練習しましょう。

帳　チョウ　11画
丨 冂 巾 巾 帄 帄 帄 帳 帳 帳 帳

81
列　レツ　6画
一 ア 歹 歹 列 列

81
局　キョク　7画
フ コ 尸 月 局 局 局

1 漢字の読み　読みがなを横に書きましょう。

○新しく学ぶ漢字
●新しい読み方をおぼえる漢字
◆とくべつな読み方の言葉

① 手帳。　② 列車
③ ゆうびん局。

「帳」は、右側《がわ》の「長」が読みを表しているよ。

2 漢字の書き　漢字を書きましょう。

① □□（て ちょう）を買う。
② □□（れっ しゃ）に乗る。

3 次の文の主語とじゅつ語はどれですか。ア～エの記号で答えましょう。

① 明日、（ア）妹が（イ）山に（ウ）行く。（エ）
② 庭に（ア）花が（イ）美しく（ウ）さく。（エ）
③ きのうは、（ア）雨が（イ）ふった。（ウ）
④ わたしは（ア）日記を（イ）書いた。（ウ）

① 主語（　）じゅつ語（　）
② 主語（　）じゅつ語（　）
③ 主語（　）じゅつ語（　）
④ 主語（　）じゅつ語（　）

「～が」だけでなく、「～は」も主語になるよ。

4

次の文は、どんな主語とじゅつ語の組み合わせになっていますか。□からえらんで、ア〜エの記号で答えましょう。

1 雲が　白い。（　　）

2 わたしは　魚を　つる。（　　）

3 げんかんに　長ぐつが　ない。（　　）

4 田中さんは　図書委員だ。（　　）

ア	が（は）	どうする
イ	が（は）	どんなだ
ウ	が（は）	なんだ
エ	が（は）	ある／ない

5

次の文の□に、「が」「を」「に」のどれかを入れて、文の組み立ての図をかんせいさせましょう。

主語　　じゅつ語

1 わたし□　ボート□　こぐ。

2 兄□　野球場□　行く。

6

次の文の、主語とじゅつ語を書きましょう。

1 校長先生は　だれよりも　早く　学校に　来ます。

主語（　　）　じゅつ語（　　）

2 公園に　ベンチが　たくさん　ある。

主語（　　）　じゅつ語（　　）

7

次の文のしゅうしょく語を、1・2は一つ、3・4は二つ書きましょう。

1 ねこが　ねずみを　追いかける。（　　）

2 兄が　自転車に　乗る。（　　）

3 姉が　母に　服を　かりる。（　　）（　　）

4 弟が　妹に　おやつを　分ける。（　　）（　　）

ものしりメモ

「〜を」や「〜に」のほかにも、「ゆっくり歩く」の「ゆっくり」や、「ドンドンたたく」の「ドンドン」など、様子を表す言葉も、ないようをくわしくする言葉になるよ。

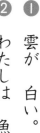

きほんのワーク

漢字の広場⑤　漢字の組み立て

教科書 ㊦82～84ページ

答え 22ページ

勉強した日　月　日

もくひょう

●漢字の部分である「かんむり」や「あし」、「たれ」や「にょう」「かまえ」を学び、それらの漢字をおぼえよう。

おわったらシールをはろう

漢字練習ノート24～25ページ

新しい漢字

教科書 82ページ

漢字	読み	画数	教科書
笛	テキ　ふえ	11画	82
宮	キュウ　みや	10画	82
定	テイ　ジョウ　さだめる	8画	83
庫	コ	10画	83
島	トウ　しま	10画	83

◀練習しましょう。　筆順《じゅん》 1　2　3　4　5

1 漢字の読み　読みがなを横に書きましょう。

○新しく学ぶ漢字
●新しい読み方をおぼえる漢字
◆とくべつな読み方の言葉

❶ ○笛

❷ 王○宮

❸ 安○定

❹ ●定める

❺ 車○庫

❻ ○島国

「定」は、❸は音読みで、❹は訓《くん》読みだよ。ほかに「ジョウ」という音読みもあるよ。

2 漢字の書き　漢字を書きましょう。

❶ ○［ふえ］をふく。

❷ 海外の○［おう］○［きゅう］。

❸ ○［あん］○［てい］している。

❹ ○［しゃ］○［こ］のある家。

❺ ○［しま］○［ぐに］の日本。

❷の「おうきゅう」は、王様が住んでいるたてもののことだよ。

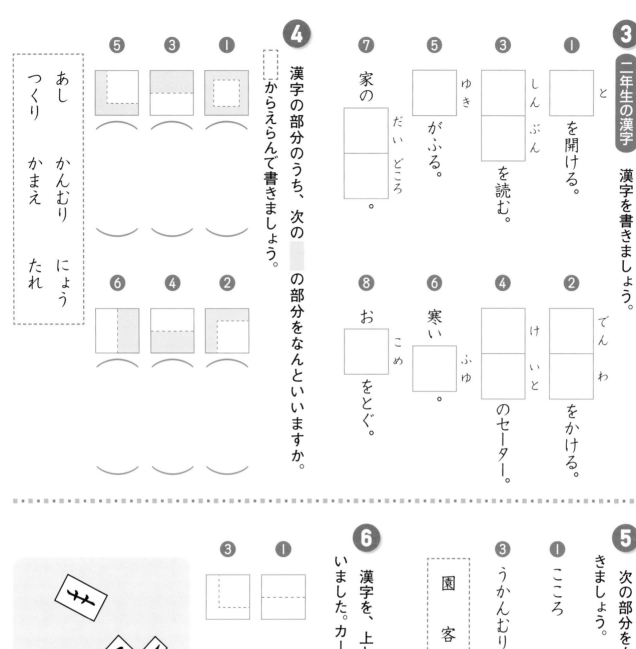

3 二年生の漢字

漢字を書きましょう。

① □《と》を開ける。

② □□《でんわ》をかける。

③ □□《しんぶん》を読む。

④ □□《けいと》のセーター。

⑤ □《ゆき》がふる。

⑥ 寒い□《ふゆ》。

⑦ 家の□□《だいどころ》。

⑧ お□《こめ》をとぐ。

4

漢字の部分のうち、次の□の部分をなんといいますか。
□からえらんで書きましょう。

① （　　　）　② （　　　）

③ （　　　）　④ （　　　）

⑤ （　　　）　⑥ （　　　）

あし　かんむり　にょう
つくり　かまえ　たれ

5

次の部分をもっている漢字を、□から二つずつえらんで書きましょう。

① こころ

② まだれ

③ うかんむり

④ くにがまえ

園　客　思　広　悲　庭　宮　図

6

漢字を、上と下や内側《がわ》と外側に分けて、ばらばらにしてしまいました。カードを合わせて漢字を四つ作り、□に書きましょう。

①　②　③　④

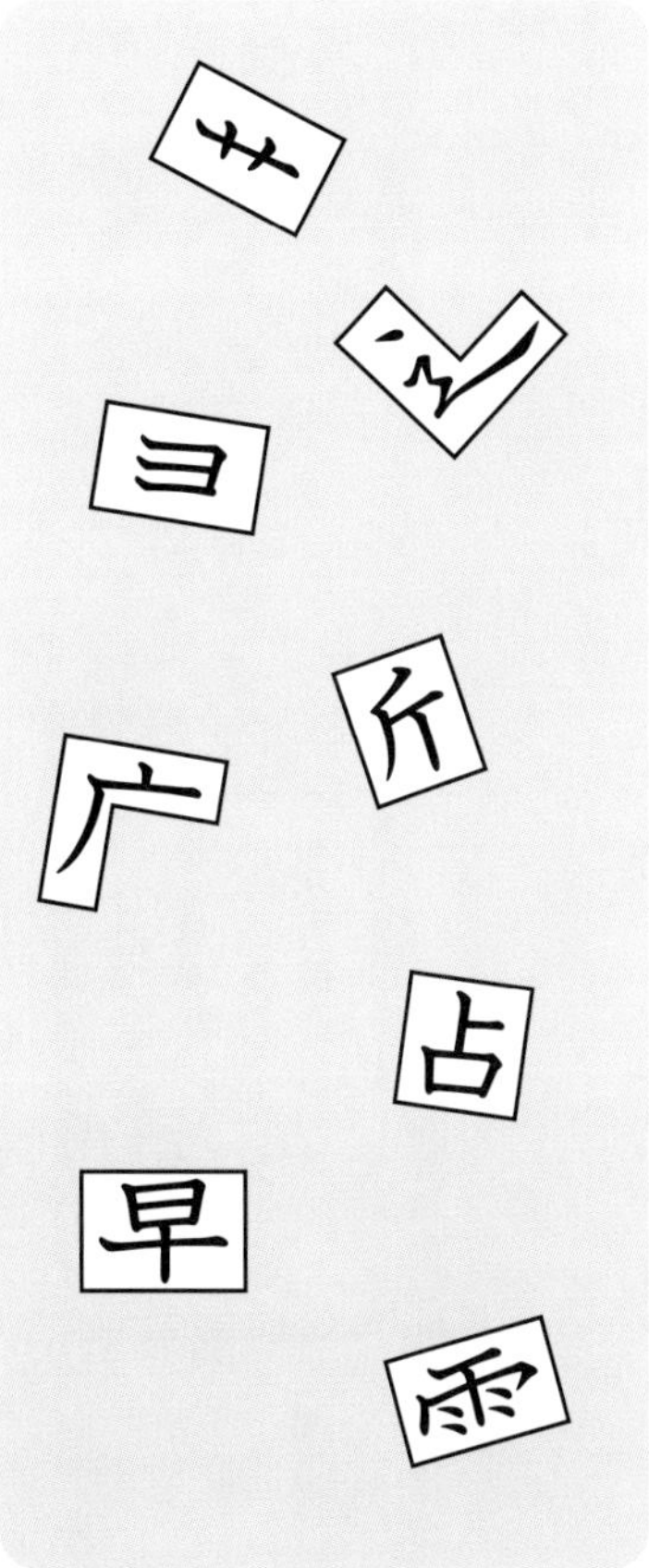

ものしりメモ　あしの「れんが」は、「れっか」ともいうね。同じように、「しんにょう」には「しんにゅう」というべつのよび名があるよ。

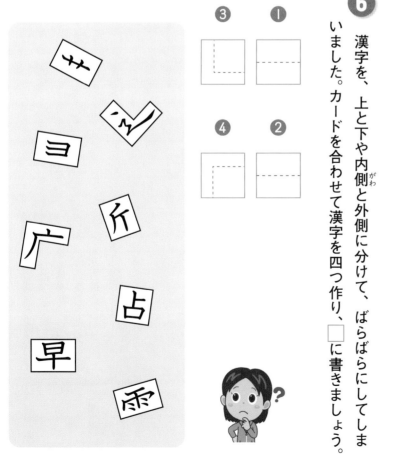

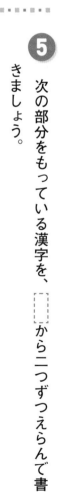

きほんのワーク

川をつなぐちえ SDGs
言葉の文化④　十二支《し》と月のよび名

教科書 下86〜97ページ
答え 22ページ
勉強した日　月　日

もくひょう
●図や写真と文章をむすびつけながら読もう。
●課題《か》をかいけつする方法《ほう》を考えた人たちのちえを読み取ろう。

漢字練習ノート26ページ

おわったらシールをはろう

新しい漢字

教科書ページ

◀練習しましょう。　筆順《じゅん》 1 2 3 4 5

教科書ページ	漢字	読み	画数
86	路	ロ　じ	13画
86	荷	に	10画
87	県	ケン	9画
88	板	ハン　バン　いた	8画
91	階	カイ	12画
94	州	シュウ	6画
94	鉄	テツ	13画
94	期	キ	12画
96	羊	ヨウ　ひつじ	6画

○新しく学ぶ漢字
●新しい読み方をおぼえる漢字
◆とくべつな読み方の言葉

1 漢字の読み　読みがなを横に書きましょう。

❶ 水路
❷ 荷物
❸ 埼玉県《さいたま》
❹ 木の板
❺ 七階
❻ 九州
❼ 鉄
❽ 三学期
❾ 羊

❾「羊」の音読みは「ヨウ」で、羊の毛を「羊毛」というよ。

4 言葉の意味　○をつけましょう。

❶ 86 川や海を行き来する。
ア（　）行ったり来たりする。
イ（　）うめたりつくったりする。
ウ（　）止めたり流したりする。

❷ 86 役わりをはたしてきた。
ア（　）あきらめて。
イ（　）まかせて。
ウ（　）はたらいて。

② 漢字の書き

漢字を書きましょう。

① すいろ［　　］を通る。

② にもつ［　　］を運ぶ。

③ 木の いた［　］をつみ上げる。

④ ひつじ［　］の毛。

③ 十二支《じ》と月のよび名

「十二支」の中に入っていない動物はどれですか。一つに○をつけましょう。

ア（　）犬　イ（　）ねこ　ウ（　）うさぎ

ないようをつかもう！

★ 川をつなぐちえ

教科書を読んで、答えましょう。　教科書 86〜90ページ

1 昔から水路を使って、一度に多くの荷物を遠くまで運んでいたのはなんですか。

［　　　　］

2 「見沼通船堀《みぬまつうせんぼり》」は、どんな水路ですか。

ア（　）全長約《やく》千メートルの水路

イ（　）はば約千メートルの水路

ウ（　）深さ約千メートルの水路

3 高いところにあるのはどちらですか。

ア（　）見沼代用水

イ（　）芝《しば》川

4 「川をつなぐちえ」は、どんなちえだといえますか。一つに○をつけましょう。

高さのちがう川をつないだ水路を通るときの課《か》題を、

｛ア（　）べつの見方で
　イ（　）いくつかに分けて｝

かいけつするというちえ。

---

③ 87 船を、多くの人が時間をかけてこぐ。

ア（　）時間をはかって。

イ（　）時間を使って。

ウ（　）時間を決めて。

④ 88 船をいどうさせる。

ア（　）しゅうりする。

イ（　）別《べつ》の人にゆずる。

ウ（　）ちがう場所にうつす。

⑤ 88 水をせき止める。

ア（　）水をためる。

イ（　）流れを止める。

ウ（　）いきおいを弱める。

⑥ 90 水路をつうかする。

ア（　）通りぬける。

イ（　）使う。

ウ（　）水でいっぱいにする。

⑦ 90 かのうにする。

ア（　）むずかしいこと。

イ（　）かんたんであること。

ウ（　）できること。

ものしりメモ　パナマ運河《が》は、海から、陸《りく》地にあるガトゥン湖という湖を通って、反対側《がわ》の海に出ることができるようにつくった水路だよ。湖が海より高いところにあるんだ。

練習のワーク

川をつなぐちえ SDGs

教科書 ㊦86～97ページ　答え 22ページ

できるナビ
● 「見沼通船堀《みぬまつうせんぼり》」のとくちょうをとらえよう。
● 説明の文章を図とむすびつけて考えよう。

勉強した日　月　日

おわったらシールをはろう

次の文章を読んで、問題に答えましょう。

人々は、川と川を「水路」でつなぎ、船で行けるところを広げてきました。トラックも電車もなかったころ、一度に多くの荷物を遠くまで運ぶことができるのは、船だけでした。船が通る川は、今の道路や線路のような役わりをはたしてきたのです。

しかし、高いところを流れる川と、ひくいところを流れる川を水路でつなぐと大変《へん》です。重い荷物をつんだ船を、多くの人が時間をかけてこいだり、引っぱったりしなければならないからです。

では、こうした水路を通るために、人々は、どのようなちえを用いてきたのでしょうか。

埼玉《さいたま》県さいたま市にある「見沼通船堀《みぬまつうせんぼり》」は、今からおよそ三百年前につくられた全長千メートルほどの水路です（図１）。芝《しば》川と、その東西を流れる見沼代用水との間をつないでいます。

1 よく出る　荷物を遠くまで運ぶのに船が使われたのは、なぜですか。

船が使われた当時のじじょうをとらえよう。

（　　　　　　　　）ことができるのは、船のほかになかったから。

2 船が通る川と同じ役わりをはたしているものとして、今の時代には、どのようなものがありますか。

（　　　　）や（　　　　）

3 「こうした水路を通るために、人々は、どのようなちえを用いてきたのでしょうか」について答えましょう。

(1) ちえを用いてきたのは、どのような水路を通るためですか。一つに○をつけましょう。

つないでいる二つの川には、どのようなとくちょうがあったかな。

ア（　）高さのちがう川をつないだ水路。
イ（　）流れの速さがちがう川をつないだ水路。
ウ（　）遠くはなれた川をつないだ水路。

言葉の意味プラス
14行　全長…始まりから終わりまでの長さ。
19行　当時…昔、そのできごとが起きたとき。
20行　かいけつ…問題をうまくかたづけること。

ところが、まん中を流れる芝川のほうが、見沼代用水より三メートルひくいところを流れています。
そこで、当時の人が考えたのが、この課題《か》を、いくつかに分けてかいけつする方法《ほう》でした。

〈「川をつなぐちえ」による〉

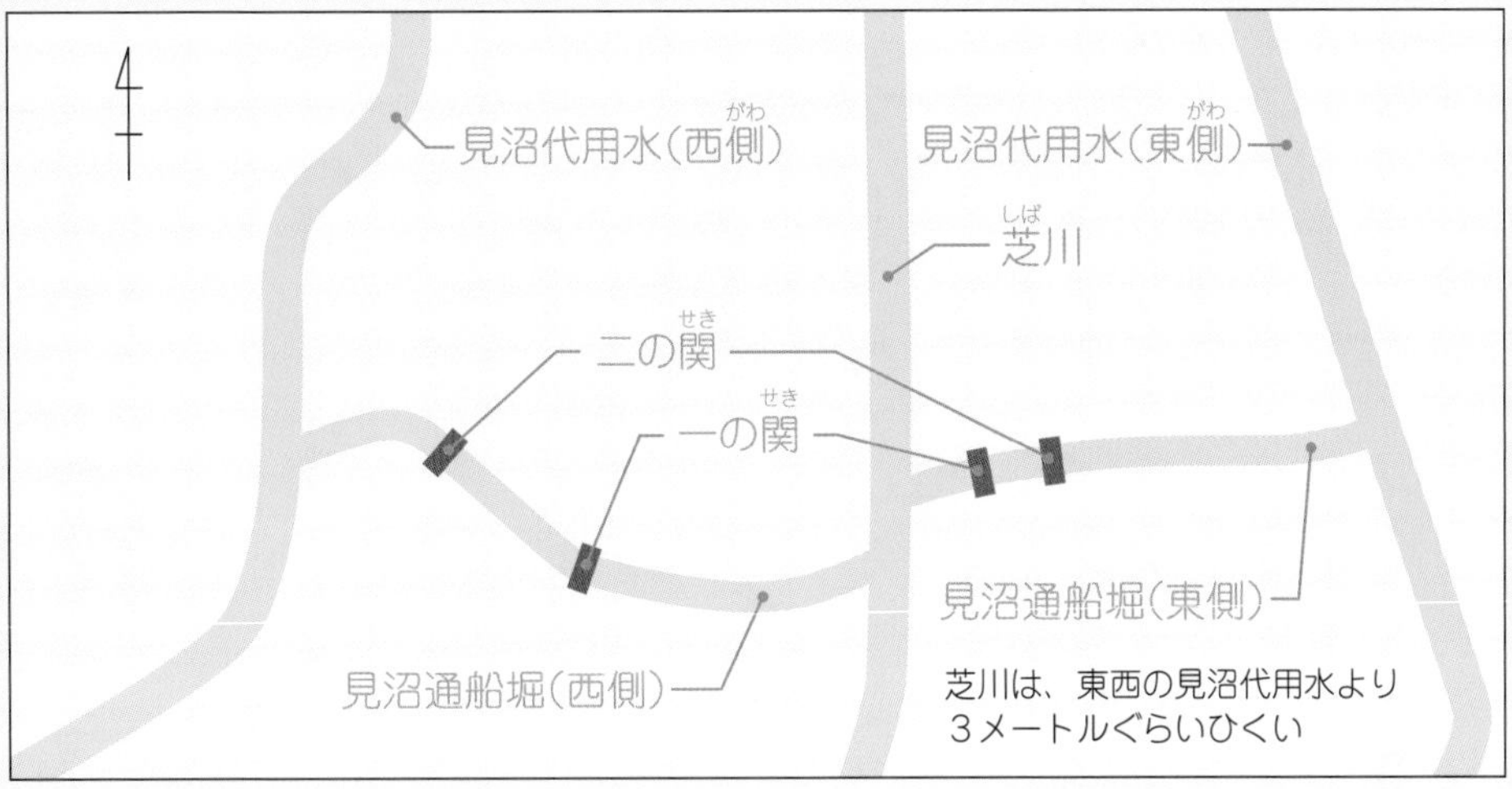

見沼代用水（西側《がわ》）
見沼代用水（東側《がわ》）
芝《しば》川
二の関《せき》
一の関《せき》
見沼通船堀（東側）
見沼通船堀（西側）
芝川は、東西の見沼代用水より
３メートルぐらいひくい

図１　見沼代用水と芝川

(2) よく出る● 人々がちえを用いてきたのはなぜですか。

（　　　　）をつんだ船を、多くの人が時間をかけて（　　　　）しなければならず大変だったから。

4 「見沼通船堀」は、どんな水路ですか。

今からおよそ□□□前につくられた、芝川と見沼代用水との間をむすぶ、全長□□□□ほどの水路。

5 見沼代用水と芝川は、どのようなところを流れていますか。一つに○をつけましょう。

ア（　）西の見沼代用水が、まん中の芝川と東の見沼代用水よりひくいところを流れている。

イ（　）まん中の芝川が、東西の見沼代用水より高いところを流れている。

ウ（　）東西の見沼代用水が、まん中の芝川より高いところを流れている。

芝川と見沼代用水の高さについて書かれた文と、図１を見くらべて、イメージしてみよう。

ものしりメモ　「見沼《みぬま》代用水」は、もともとあった「見沼用水」だけでは田んぼに注ぐ水が足りなくなったので、代わりに引いてきた用水という意味で「代用水」といったんだよ。

まとめのテスト　川をつなぐちえ SDGs

教科書 ㊦86〜97ページ　答え 22ページ

時間20分　とく点　/100点　おわったらシールをはろう　勉強した日　月　日

次の文章を読んで、問題に答えましょう。

そこで、当時の人が考えたのが、この課《か》題を、いくつかに分けてかいけつする方《ほう》法でした。

「見沼通船堀《みぬまつうせんぼり》」では、一度に通れない水路をいくつかにくぎって、船をいどうさせたのです（図２）。

まず、芝《しば》川に船がやってくると（図２①）、二十人ぐらいの人で引っぱり「一の関《せき》」を通ります（図２②）。

次に、「一の関」に、木の板を何まいもつみ上げてかべをつくります。そうすると、見沼代用水から流れてきた水がせき止められて、しだいにたまっていきます。たまった水によって、水面がどんどん高くなっていきます（図２③）。

水面が「二の関」と同じ高さになったら、また、人が船を引っぱって「二の関」を通ります（図２④）。

さらに、「二の関」に、木の板をつみ上げてかべをつくります。そうすると、「二の関」と見沼代用水との間に水がたまって、だんだん水面が高くなっていきます（図

1 「この課題」とありますが、どんな課題があったのですか。（15点）

船が水路を一度に（　　　　）という課題。

2 「いくつかにくぎって、船をいどうさせた」について答えましょう。

(1) 「見沼通船堀」の二つのくぎりをそれぞれなんといいますか。　一つ5（10点）

□□□　□□□

(2) 船は、どうやってくぎりを通りますか。（10点）

人が（　　　　）通る。

3 「木の板を何まいもつみ上げてかべをつくります」とありますが、かべをつくるのは、なんのためですか。一つに○をつけましょう。（10点）

ア（　）他の船が入ってこないようにするため。

イ（　）船が流されていかないようにするため。

ウ（　）水をせき止めて、その場にためるため。

言葉の意味プラス

4行　くぎる…長さや広さがあるものを分けること。

9行　しだいに…少しずつ変《へん》化する様子。

2⑤）。そして、水面が見沼代用水と同じ高さになると、船は二の関から見沼代用水に進むことができるのです（図2⑥）。

〈「川をつなぐちえ」による〉

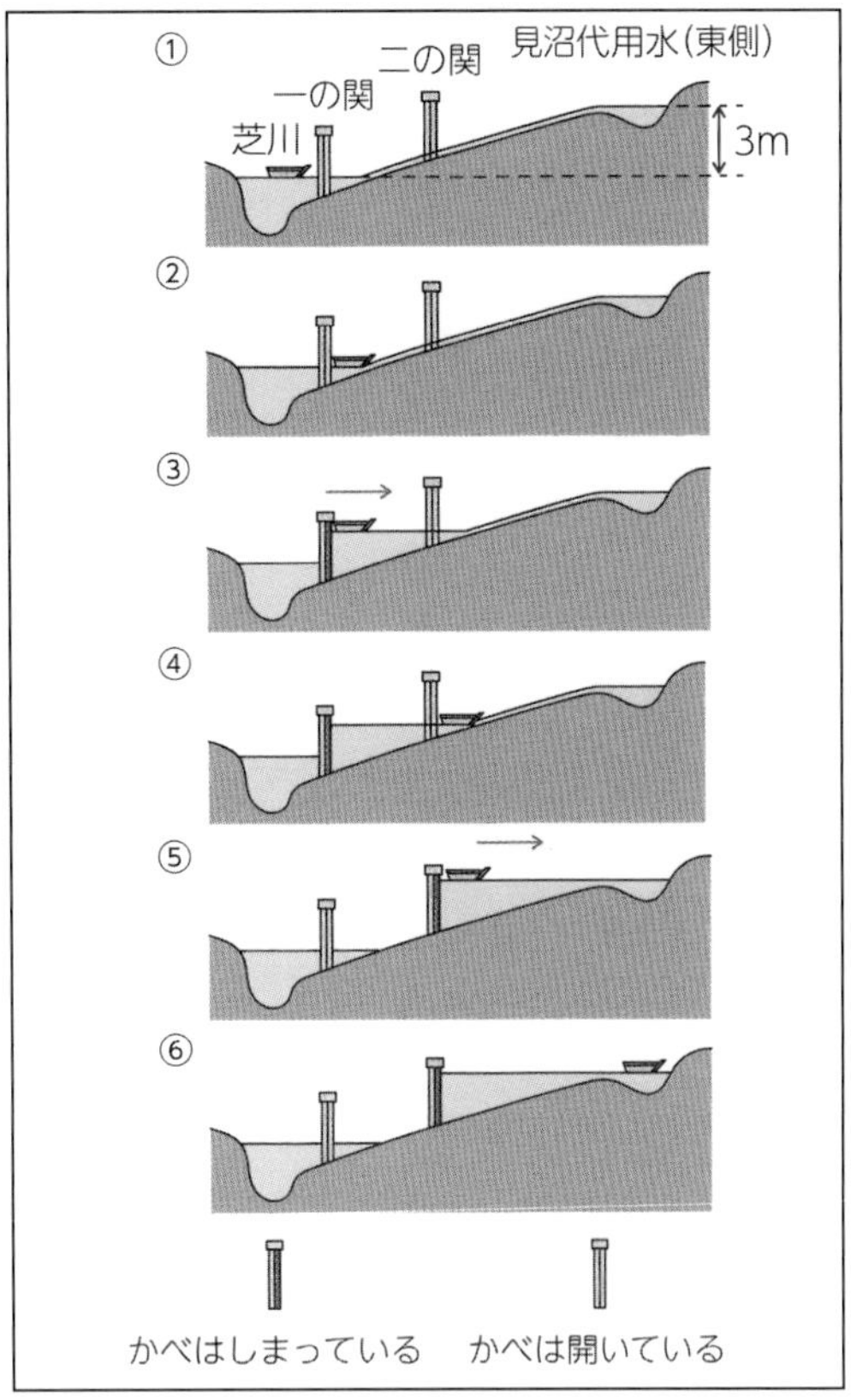

①
②
③
④
⑤
⑥
見沼代用水（東側）
二の関
一の関
芝川
3m
かべはしまっている
かべは開いている

図2　船をいどうさせる仕組み

4 書いてみよう!

「『二の関』に、木の板をつみ上げてかべをつくります」とありますが、どうなったとき、船は見沼代用水に進むことができますか。〔15点〕

（　　　　）

5 チャレンジ!

船が「見沼通船堀」を通るとき、次のだんかいは図2のどれにあたりますか。（　）に①～⑥を書きましょう。　一つ5〔30点〕

ア（　）芝川に船がやってくる。

イ（　）見沼代用水に進む。

ウ（　）「一の関」を通る。

エ（　）「二の関」を通る。

オ（　）「一の関」に木の板をつみ上げて水をためる。

カ（　）「二の関」に木の板をつみ上げて水をためる。

6 よく出る

「見沼通船堀」では、どのようにして船が川を通ったのですか。　一つ5〔10点〕

水路をいくつかにくぎってかべをつくり、（　　　）から流れてくる水をためることで、（　　　）をだんだん高くして、船をいどうさせた。

ものしりメモ　見沼通船堀《みぬまつうせんぼり》やパナマ運河《が》のように水面を高くする仕組みのある運河には、ほかに北海《ほっかい》・バルト海運河もある。ここは、しおのみち引きで水面の高さがちがうから、くふうしたんだよ。

きほんのワーク

強く心にのこっていることを

教科書 下98～103ページ
答え 23ページ

勉強した日　月　日

もくひょう
●様子や気持ちがつたわるような文章の書き方をとらえよう。
●下書きを直すときの記号を知ろう。

おわったらシールをはろう

漢字練習ノート26ページ

新しい漢字

教科書 99ページ

族（99） ゾク 11画	筆順《じゅん》：⺊ 方 方 方 方 方 於 族 族
配（99） ハイ くばる 10画	筆順：一 冂 两 西 酉 酉 酉 酉 酉 配

◀練習しましょう。　筆順《じゅん》 1 2 3 4 5

1 漢字の読み　読みがなを横に書きましょう。

① 家族。　② 心配。

○新しく学ぶ漢字
●新しい読み方をおぼえる漢字
◆とくべつな読み方の言葉

2 漢字の書き　漢字を書きましょう。

① かぞく［　　］のみんな。

② しんぱい［　　］する。

3 強く心にのこっていることを書くときの、学習の進め方についてまとめました。正しい順番《じゅん》になるように、（　）に2～5を書きましょう。

（ 1 ）できごとを一つえらび、くわしく思い出す。

（　）中心場面の様子や気持ちが相手につたわるか、読み返す。

（　）組み立て表を生かして、文章を書く。

（　）友達《ともだち》と読み合って、感想をつたえ合う。

（　）中心場面を考えながら、組み立て表を作る。

4 文章を直すときの記号とその意味を、•―•でつなぎましょう。

①・　　・ア　文字を入れる記号。
②・　　・イ　行をかえる記号。
③・　　・ウ　文字を下げる記号。
④・　　・エ　文字を直す記号。
⑤・　　・オ　文字のじゅんじょを入れかえる記号。
⑥・　　・カ　文字を消す記号。

5 次の中田《なかた》惇介《じゅんすけ》さんの文章を読んで、問題に答えましょう。

「カメ太《た》が死にそう。」

「どこ。」

「どこ。」

家族のみんなが、見に来た。

「本当だ。」

冬のある日、ぼくのペットのカメ太がこうらにとじこもったまま、ぴくりとも動きません。どうしたのだろう。死んでしまったのかな。「カメ太が死んだら、家族がへってしまう。」そう思うと悲しくなり、「なんとか動いてほしい。」と思って、みんなに声をかけました。その間も、カメ太はこうらにとじこもったまま。ますます心配になってきました。

すぐにずかんを出し、カメ太のために一生けんめい調べました。その間、カメ太のことが心配で、ぼくのしんぞうは、ドクドクしていました。早く調べなくては。あせって、ページが思うようにめくれません。

〈「強く心にのこっていることを」による〉

1 「家族のみんなが、見に来た。」の文末《まつ》をていねいな形に直して書きましょう。

家族のみんなが、見に（　　　　）。

2 「どうしたのだろう。死んでしまったのかな。」と中田さんが思ったのは、カメ太のどんな様子を見たからですか。

こうらにとじこもったまま、□□□□□動かない様子。

3 よく出る 「カメ太のことが心配で」とありますが、中田さんは、心配している自分の様子を、どのようにひょうげんしていますか。

ぼくの（　　　　）は、（　　　　）していました。

4 よく出る 「ページが思うようにめくれません」は、どんな様子を表していますか。一つに○をつけましょう。

ア（　）しんぞうが苦しくて、何もできない様子。

イ（　）早く調べようと、あせっている様子。

ウ（　）カメ太の死に、とまどっている様子。

カメ太を心配している気持ちが、とてもよくつたわってくるね。

ものしりメモ
歩みがのろいカメ。ところが、水中でとても速く、羽ばたくようにゆうがに泳ぐウミガメの場合、50メートルを歩くのにおよそ9分かかるけど、水中では9秒で泳げるんだって！

きほんのワーク

漢字の広場⑥ 二つの漢字の組み合わせ

教科書 ㊦104～106ページ

答え 23ページ

勉強した日 月 日

もくひょう
●漢字二字の言葉について、二つの漢字のつながり方を考えよう。
●組み合わさってできた言葉の読み方を学ぼう。

おわったらシールをはろう

漢字練習ノート27～28ページ

新しい漢字

教科書 105ページ

筆順 1 2 3 4 5 ◀練習しましょう。

漢字	読み	画数	ページ
畑	はた はたけ	9画	105
軽	ケイ かるい	12画	105
勝	ショウ かつ	12画	105
酒	シュ さけ さか	10画	105

1 漢字の読み　読みがなを横に書きましょう。

① 田畑
② 庭の畑
③ 軽い
④ 軽重
⑤ 勝つ
⑥ あまい酒

○新しく学ぶ漢字
●新しい読み方をおぼえる漢字
◆とくべつな読み方の言葉

2 漢字の書き　漢字を書きましょう。

① □□《たはた》。
② □《かる》い物。
③ しあいに□《か》つ。
④ □《さけ》をつくる。

3 二年生で学んだ漢字　漢字を書きましょう。

① □□《ちず》を見る。
② 駅まで□《ある》く。
③ 列の□□《せんとう》。
④ □□《かいしゃ》に行く。
⑤ 犬の□《な》き□《ごえ》。
⑥ 数が□《すく》ない。
⑦ パンを□《か》う。
⑧ 商品を□《う》る。

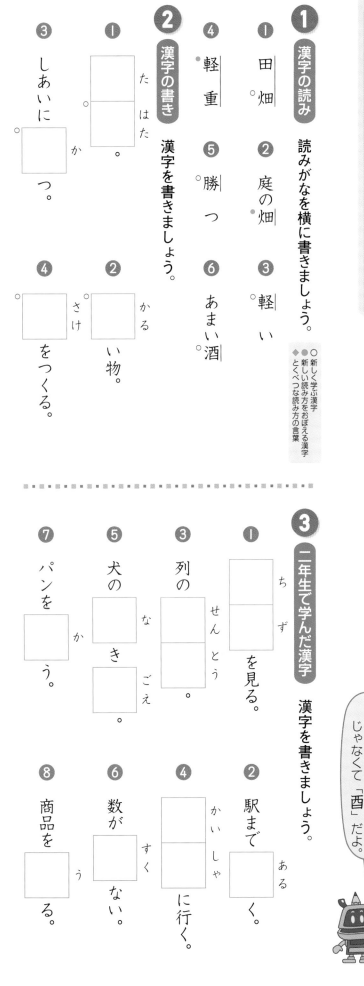

4 上と下の言葉のつながりを考えて、漢字二字の言葉を書きましょう。

❶ 流れる↓水

❷ 新しい↓年

❸ 近い↓道

上から下に読むと、意味が通じる言葉だね。

5 次の漢字二字の言葉の意味を書きましょう。

❶ 駅前（　　）

❷ 白米（　　）

❸ 小鳥（　　）

6 次の漢字と関《かん》係のある漢字を●——●でむすんで漢字二字の言葉を作り、□に書きましょう。

❶ 開●　　●石　　開□

❷ 学●　　●習　　学□

❸ 岩●　　●始　　岩□

---

7 **れい**にならって、反対の意味になる漢字を組み合わせて、できた言葉を書きましょう。

れい □↕重　→　軽重

❶ □↕後

❷ □↕負

❸ 天↕□

8 次の言葉は、二つの漢字がどのように組み合わさってできた言葉ですか。□からえらんで、記号で答えましょう。

❶ 白紙（　）　❷ 強弱（　）

❸ 使用（　）　❹ 日光（　）

❺ 明暗（　）

ア　上と下の言葉がつながってできた言葉。
イ　関係のある漢字が組み合わさってできた言葉。
ウ　反対の意味の漢字が組み合わさってできた言葉。

9 二つの言葉が重なると、もとの言葉の読み方がかわることがあります。↓の下の言葉の読み方を書きましょう。

❶ 前（まえ）＋歯（は）↓前歯（　　）

❷ 横（よこ）＋笛（ふえ）↓横笛（　　）

❸ 鼻（はな）＋血（ち）↓鼻血（　　）

ものしりメモ　上から下に言葉がつながっている❹と❺とは反対に、下から上へつながる言葉もあるんだよ。「乗馬（乗る←馬に）」「読書（読む←書を）」などがそうだよ。

きほんのワーク
おにたのぼうし　SDGs

教科書　下108～123ページ

答え　24ページ

勉強した日　月　日

もくひょう
- 場面のうつりかわりに気をつけよう。
- 登場人物のせいかくや、心の動きをとらえて読もう。

おわったらシールをはろう

漢字練習ノート28ページ

新しい漢字

教科書108ページ

筆順《じゅん》　1 2 3 4 5　◀練習しましょう。

漢字	教科書	読み	画数	筆順
君	108	クン・きみ	7画	フ ヨ ヨ 尹 尹 君 君
福	108	フク	13画	ラ ネ ネ ネ゙ 祀 福 福 福
去	109	キョ・コ・さる	5画	一 十 土 去 去
拾	109	ひろう	9画	一 扌 扌 扌 拎 拎 拾 拾
悪	110	アク・わるい	11画	一 亓 戸 亜 亜 亜 悪 悪
息	111	ソク・いき	10画	ノ 亻 白 自 自 自 息 息
波	122	ハ・なみ	8画	丶 氵 氵 汀 汁 波 波 波

1　漢字の読み　読みがなを横に書きましょう。

① まこと君。　② 福は内。　③ 去年。　④ 拾う。　⑤ 悪い。　⑥ 白い息。　⑦ 波音。

2　漢字の書き　漢字を書きましょう。

① [　]《ふく》は内。　② ビー玉を[　]《ひろ》う。

○新しく学ぶ漢字
●新しい読み方をおぼえる漢字
◆とくべつな読み方の言葉

4　言葉の意味　○をつけましょう。

① 108ページ　いりたての豆。
ア（　）水といっしょにまぜ合わせたすぐあと。
イ（　）火にかけて水分をとったすぐあと。
ウ（　）細かくつぶしたすぐあと。

② 111　きょろきょろ見回す。
ア（　）ゆっくりと見回す。

③ 言葉のちしき

次の言い方は、どのような気持ちを表していますか。[　]からえらんで、ア～ウの記号で答えましょう。

① かたを落とす。（　）

② とび上がる。（　）

③ 首をかしげる。（　）

ア 強くおどろく気持ち。
イ ふしぎに思う気持ち。
ウ がっかりした気持ち。

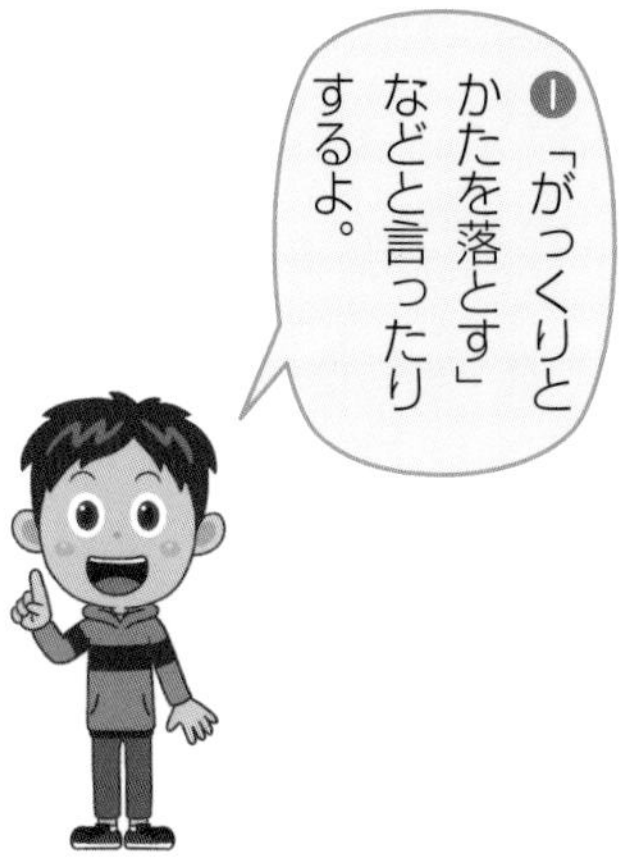
①「がっくりとかたを落とす」などと言ったりするよ。

ないようをつかもう！

おにたのぼうし 教科書を読んで、答えましょう。

1 いつの夜のできごとを書いた物語ですか。一つに○をつけましょう。 教科書108ページ

ア（　）真夏の夜。
イ（　）お正月の夜。
ウ（　）節《せつ》分の夜。

まこと君が豆まきをした夜、おにたは、女の子の家へ行ったよ。

2 おにたに合うものはどれですか。一つに○をつけましょう。 教科書109ページ

ア（　）おにのような男の子。
イ（　）黒おにの子ども。
ウ（　）年をとったおに。

3 おにたはどんなせいかくですか。一つに○をつけましょう。 教科書109ページ

ア（　）おこりっぽい。
イ（　）ずるがしこい。
ウ（　）気がいい。

イ（　）するどい目つきで見回す。
ウ（　）落ち着きなく見回す。

③ 112 女の子がくちびるをかむ。

ア（　）くやしさやつらさをじっとがまんする様子。
イ（　）何かにおどろいてふるえている様子。
ウ（　）わらいたいのをこらえている様子。

④ 113 長いため息をつく。

ア（　）悲しかったりさびしかったりして、なきながら息をする。
イ（　）きんちょうがとけたり心配したりして、思わず息が出る。
ウ（　）ねむかったりつかれたりして、思わず大きな息をする。

⑤ 115 女の子がもじもじする。

ア（　）おそろしさで、身をちぢませてじっとする。
イ（　）はずかしさやえんりょから、どうしようかとまよう。
ウ（　）くすぐったくてがまんできず、体を小さく動かす。

ものしりメモ 「おにたのぼうし」に「うぐいす豆」というものが出てくるけど、これは青えんどう（グリンピース）をやわらかくにた、に豆のことだよ。

練習のワーク①

おにたのぼうし SDGs

教科書 ㊦108～123ページ
答え 24ページ

できるナビ
●おにたのせいかくを読み取ろう。
●おにたの、人間への思いをつかもう。

勉強した日 月 日

おわったらシールをはろう

次の文章を読んで、問題に答えましょう。

その物置《おき》小屋のてんじょうに、去年の春から、小さな黒おにの子どもが住んでいました。「おにた」という名前でした。

おにたは、気のいいおにでした。きのうも、まこと君に、なくしたビー玉を、こっそり拾ってきてやりました。にわか雨の時、ほし物を、茶の間に投げこんでおきました。この前は、お父さんのくつを、ぴかぴかに光らせておいたこともあります。

でも、だれも、おにたがしたとは気がつきません。はずかしがり屋のおにたは、見えないように、とても用心していたからです。

豆まきの音を聞きながら、おにたは思いました。

3 おにたが、まこと君の家でしてあげたことはなんですか。あと二つ書きましょう。

① まこと君がなくしたビー玉を、こっそり拾ってきてやった。

② （　　　　）

③ （　　　　）

4 「だれも、おにたがしたとは気がつきません」とありますが、それはなぜですか。

（　　　　）から。

5 よく出る● 「人間っておかしいな。」とおにたが思ったのは、なぜですか。

おににも（　　　　）のに、
人間は、おには（　　　　）と決めているから。

言葉の意味プラス
5行 気のいい…やさしくて、思いやりがある。 7行 こっそり…人に知られないように。
9行 ほし物…ほしてある、せんたく物。 15行 用心する…気をつける。

「人間っておかしいな。おには悪いって、決めているんだから。おににも、いろいろあるのにな。」

そして、古い麦わらぼうしをかぶりました。角かくしのぼうしです。

こうして、カサッとも音をたてないで、おにたは、物置小屋を出ていきました。

こな雪がふっていました。道路も、屋根も、野原も、もう真っ白です。

おにたのはだしの小さな足が、つめたい雪の中に、ときどき、すぽっと入ります。

「いいうちが、ないかなあ。」

〈あまん きみこ「おにたのぼうし」による〉

1 おにたは、物置小屋のどこに住んでいましたか。

（　　　　）

2 よく出る おにたは、どんなせいかくのおにですか。

□□□□□□屋で、気の□□おに。

6 「古い麦わらぼうし」は、なんのためのぼうしですか。

（　　　　）のためのぼうし。

おにたは、まこと君の家で、こっそりいろんなことをしてあげたよね。おにたみたいに、いいおにだっているのにね！

7 物置小屋を出ていったおにたについて、答えましょう。

(1) 物置小屋を出ていったのは、なぜですか。

おにを追いはらうための（　　　　）の音が聞こえてきたから。

(2) おにたは、この時、どのような気持ちでしたか。

ア（　）人間のほうが悪いし、人間のことが大きらいだ。

イ（　）いいことなんて、もうしないようにしよう。

ウ（　）人間が、おにを悪いと思っているのがざんねんだ。

8 おにたは、どこへ行こうとしていますか。

雪の中を歩きながら言った、おにたの言葉に注目しよう。

おにたが住むことができる、新しい□□。

ものしりメモ　こな雪は、こなのようにさらさらした細かい雪だよ。ほかにも、ぼたん雪（大きなかたまりの雪）、ささめ雪（細かく、まばらにふる雪）など、雪にもいろいろなよび方があるよ。

練習のワーク２

おにたのぼうし　SDGs

教科書 下108～123ページ
答え 24ページ

できるナビ
●おにたの気持ちの変化《へん》を読み取ろう。
●女の子の様子や気持ちを正しくつかもう。

勉強した日　月　日

おわったらシールをはろう

次の文章を読んで、問題に答えましょう。

女の子は、新しい雪でひやしたタオルを、お母さんのひたいにのせました。すると、お母さんが、ねつでうるんだ目をうっすらと開けて言いました。

「おなかがすいたでしょう?」

女の子は、はっとしたようにくちびるをかみました。でも、けんめいに顔を横にふりました。そして、

「いいえ、すいてないわ。」

と答えました。

「あたし、さっき、食べたの。あのねえ……、あのねえ……、お母さんがねむっている時。」

と話しだしました。

「知らない男の子が、持ってきてくれたの。あったかい赤ごはんと、うぐいす豆よ。今日は節《せつ》分でしょう。だから、ごちそうがあまったって。」

お母さんは、ほっとしたようにうなずいて、また、とろとろねむってしまいました。すると、女の子が、フーッ

1 「女の子は、はっとしたようにくちびるをかみました。」とありますが、女の子が、くちびるをかんだのはなぜですか。

お母さんに、「（　　　　）でしょう?」ときかれて、そのとおり、おなかが（　　　　）いたから。

2 「けんめいに顔を横にふりました」とありますが、この時、女の子はどんな気持ちでしたか。一つに○をつけましょう。

ア（　）おなかいっぱい食べたので、もう食べたくない。
イ（　）お母さんに心配をかけたくない。
ウ（　）お母さんに、おなかいっぱい食べさせたい。

3 ごはんを食べた話を女の子から聞いたあと、お母さんが安心した様子がわかる言葉を書きましょう。

□□□□□ようにうなずいた。

4 よく出る● 「フーッと長いため息をつきました」とありますが、この時、女の子はどんな気持ちでしたか。一つに○をつけましょう。

直前のお母さんの様子に注目しよう。

言葉の意味プラス
2行　うるんだ…しっとりとぬれたような。　3行　うっすらと…かすかに。ほんの少し。
15行　うなずく…首をたてに動かす。りかいしたことを表す。

と長いため息をつきました。

おにたは、なぜか、せなかがむずむずするようで、じっとしていられなくなりました。それで、こっそりはりをつたって、台所に行ってみました。

「ははあん――。」

台所は、かんからかんにかわいています。米つぶ一つありません。大根一切れありません。

「あの子、何も食べちゃいないんだ。」

おにたは、もうむちゅうで、台所のまどのやぶれた所から、寒い外へとび出していきました。

〈あまん　きみこ「おにたのぼうし」による〉

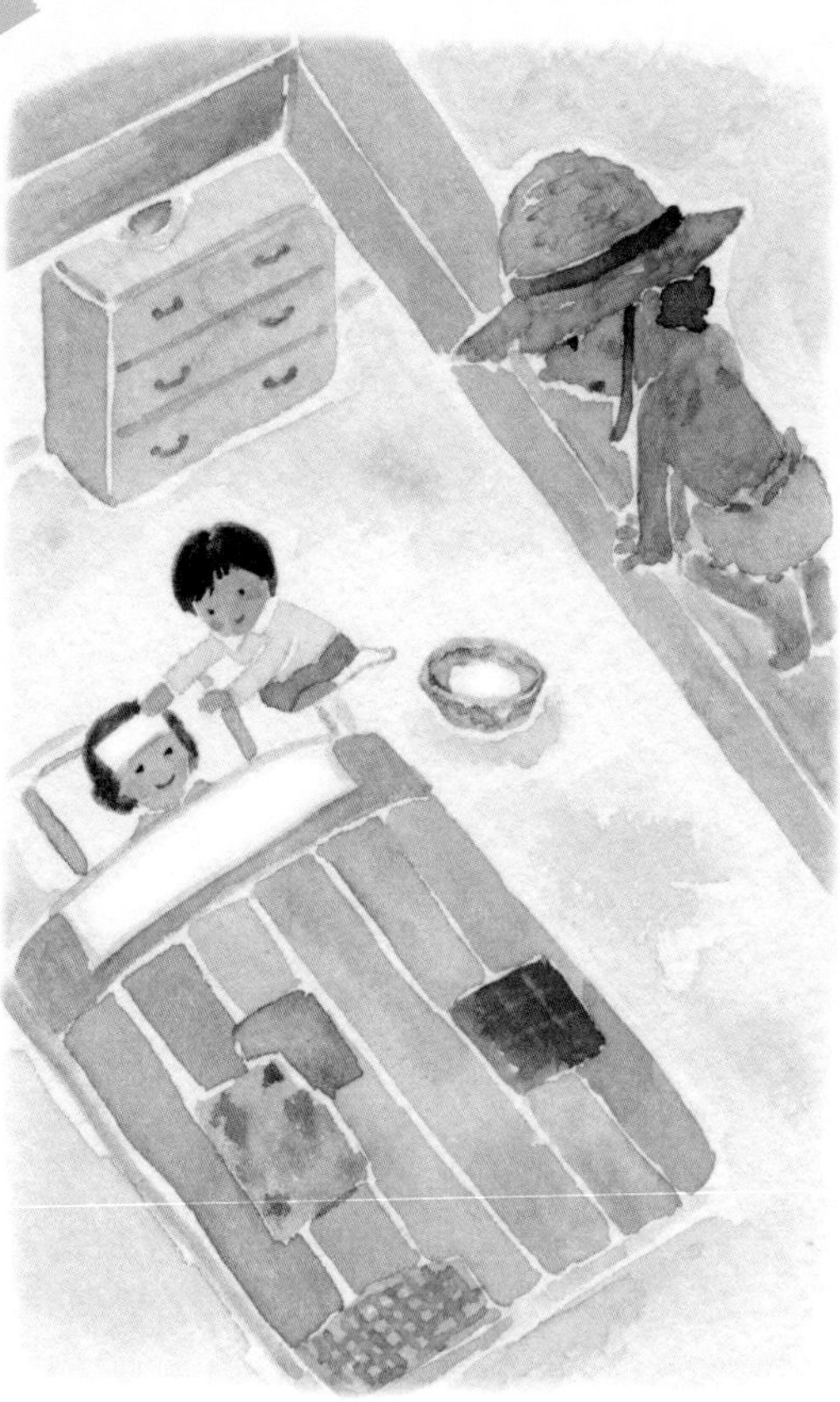

ア（　）お母さんがごはんを食べないので、悲しかった。
イ（　）お母さんと話ができたので、とてもうれしかった。
ウ（　）お母さんがほっとしてねむったので、安心した。

5 「おにたは、なぜか、せなかがむずむずするようで、じっとしていられなくなりました。」とありますが、おにたは、なぜじっとしていられなくなったのですか。一つに○をつけましょう。

おにたが、こっそり台所に行ったのは、なぜかな。


ア（　）女の子が、お母さんを安心させようと、うそをついているような気がしたから。

イ（　）女の子が、お母さんにうそをついていることがゆるせないと思ったから。

ウ（　）女の子が、おにたのことをお母さんに話していたので、とてもはずかしくなったから。

6 よく出る● 「ははあん――。」とありますが、おにたはどんなことに気づきましたか。

女の子が（　　　　　）。

書いてみよう！
7 外へとび出していったおにたの気持ちを、考えて書きましょう。

（　　　　　）

まずしくて、ごはんも食べられない女の子を見たおにたは、「もうむちゅうで」とび出したよ。

ものしりメモ もともと「節《せつ》分」は、きせつのかわりめ、つまり立春《りっしゅん》、立夏《りっか》、立秋《りっしゅう》、立冬《りっとう》の前日のことだった。春をむかえることが一年の大切なふしめだったので、立春の前日だけを指すようになったよ。

まとめのテスト

おにたのぼうし

SDGs

教科書 ㊦108～123ページ
答え 25ページ

時間 20分

とく点 /100点

おわったらシールをはろう

勉強した日 月 日

次の文章を読んで、問題に答えましょう。

女の子が出ていくと、雪まみれの麦わらぼうしを深くかぶった男の子が立っていました。そして、ふきんをかけたおぼんのような物をさし出したのです。

「節《せつ》分だから、ごちそうがあまったんだ。」

おにたは、一生けんめい、さっき女の子が言ったとおりに言いました。

女の子はびっくりして、もじもじしました。

「あたしにくれるの？」

そっとふきんを取ると、温かそうな赤ごはんと、うぐいす色のに豆が、湯気をたてています。

女の子の顔が、ぱっと赤くなりました。そして、にこっとわらいました。

女の子がはしを持ったまま、ふっと何か考えこんでいます。

「どうしたの？」

⬅

1 「女の子が言ったとおり」のことをおにたに言われて、女の子はどうしましたか。 〔10点〕

びっくりして、（　　　　　　）した。

2 おにたが持っていったごちそうは、なんですか。二つ書きましょう。 一つ10〔20点〕

（　　　　　　）

（　　　　　　）

3 「にこっとわらいました」とありますが、この時、女の子は、どんな気持ちでしたか。一つに○をつけましょう。 〔10点〕

ア（　）おなかがすいていると知られて、はずかしい。

イ（　）おいしそうなごちそうをもらって、うれしい。

ウ（　）おもしろい男の子と遊べて、楽しい。

4 よく出る● 「おにたはとび上がりました。」について答えましょう。

⬅

言葉の意味 プラス

1行 雪まみれ…雪がいっぱいついていること。 2行 ふきん…食器《き》などをふく小さなぬの。

26行 身ぶるい…おそろしさなどで体がふるえること。

おにたが心配になってきくと、

「もう、みんな、豆まきすんだかな、と思ったの。」

と答えました。

「なんだって？」

「あたしも、豆まき、したいなあ。」

おにたはとび上がりました。

「だって、おにが来れば、きっと、お母さんの病気が悪くなるわ。」

おにたは、手をだらんと下げて、ふるふるっと、悲しそうに身ぶるいして言いました。

「おにだって、いろいろあるのに。おにだって……。」

氷がとけたように、急におにたがいなくなりました。

あとには、あの麦わらぼうしだけが、ぽつんとのこっています。

「へんねえ。」

女の子は、立ち上がって、あちこちさがしました。そして、

「このぼうし、わすれたわ。」

それを、ひょいと持ち上げました。

「まあ、黒い豆！　まだあったかい……。」

〈あまん きみこ「おにたのぼうし」による〉

(1) おにたは、女の子がなんと言うのを聞いて、とび上がりましたか。〔10点〕

「（　　　）」

(2) この時、おにたは、どんなことを思っていたと考えられますか。一つに○をつけましょう。〔10点〕

ア（　）今ごろ言っても、おそいよ。

イ（　）ぼくも、豆まきがしたかったんだ。

ウ（　）どうして、そんなひどいことを言うの。

チャレンジ!

5 女の子が豆まきをしたかったのは、どう思っていたからですか。〔15点〕

（　　　）

6 書いてみよう!

「おにだって……。」とありますが、この時、おにたはどんなことを言いたかったのでしょうか。考えて書きましょう。〔15点〕

（　　　）

7 女の子が麦わらぼうしを持ち上げると、あとには何がのこっていましたか。〔10点〕

（　　　）

ものしりメモ　豆まきの豆は、いり豆でなければならないんだ。生の豆を拾いわすれて芽《め》が出ると、えんぎが悪いとされているからだよ。おには、夜に来ると言われているので、豆は夜にまこうね！

まとめのテスト

葉《は》っぱ

教科書 ㊦126〜135ページ
答え 26ページ
時間 20分
とく点 /100点
おわったらシールをはろう
勉強した日 月 日

次《つぎ》の文章《しょう》を読んで、問題《もんだい》に答えましょう。

のろのろひつじは、となりに住《す》むせかせかひつじといっしょに遊《あそ》びに行った森の絵をかいてみようと、画用紙に葉《は》っぱを三つかきました。そこへ遊びに来たせかせかひつじが、葉っぱをたくさん、勝《かっ》手にかきくわえてしまいました。

「ごめんね、ごめんね。」

せかせかひつじは、そう言って、あやまりました。

のろのろひつじは、なみだをこらえながら、絵を見つめました。せかせかひつじの葉っぱは、本当にへただなあ、ひどいなあ、と思いました。けれど、見ているうちに、あることに気がつきました。あれ、森が、かんせいしている。

そうなのです。森は、かんせいしていました。せかせかひつじの葉っぱは、へただけれど、それでも、画用紙の上の森は、できあがっています。緑《みどり》色にかがやいているのです。そう思ってみると、のろのろひつじの心は、すっきりして、少し明るくなりました。

〈蜂飼《はちかい》 耳《みみ》「葉っぱ」による〉

1 「なみだをこらえながら」とありますが、のろのろひつじがなきたくなったのは、なぜですか。 一つ25〔50点〕

せかせかひつじが絵にかきこんだ［　　　］が、［　　］でひどかったから。

チャレンジ！ **2** 「あることに気がつきました」とありますが、のろのろひつじはどんなことに気がついたのですか。〔30点〕

（　　　　　　　　）

3 よく出る！ 「のろのろひつじの心は、すっきりして、少し明るくなりました」とありますが、どんなふうに思ったからですか。一つに○をつけましょう。〔20点〕

ア（　）画用紙の上に、緑色にかがやく森ができあがっているのはすてきだ。

イ（　）絵はへただけど、手つだおうとしてくれた気持《も》ちはうれしい。

ウ（　）ひどい絵だが、なんとか手直しすることができそうだ。

言葉の意味 プラス
3行 なみだをこらえる…なきそうになるのをがまんする。 6行 かんせい…できあがること。
10行 かがやく…きらきら光る。または光っているように見えること。